SONG YANG

WILD ANIMALS

T2. VIOLENCE ET AMOUR

小潘
XIAO PAN

Du même auteur :

Wild animals #1 : Trafiquant de clés

Première édition chinoise chez Modern Press.

Published in partnership with BEIJING TOTAL VISION CULTURE SPREADS.

www.xiaopan.com

Traduction : Sylvie SAVOIE · 1ère édition
Dépôt légal : Novembre 2006 · ISBN : 2-940380-22-8
Printed in France by CPI

ILS ENCHAÎNAIENT CHANSON SUR CHANSON,

TOUT NOTRE RÉPERTOIRE Y EST PASSÉ.

J'AI REMARQUÉ QUE, TOUT EN CHANTANT, MI LAN ET GAO PU N'ARRÊTAIENT PAS DE SE REGARDER,

MAIS JE N'ÉTAIS ABSOLUMENT PAS JALOUX OU MALHEUREUX, CES CHANTS REPRIS EN COEUR NOUS AVAIENT TOUS REMPLIS D'ÉMOTION...

7 - LES GOUTTES DE LA VIE

HA, HA, HA...
XU SUN, QUEL OBSÉDÉ TU FAIS !
AU FAIT, XIAOJUN, ON PEUT SE LAVER LE VISAGE CHEZ TOI ?
QUELLE QUESTION, BIEN SÛR QUE OUI !
TOUT L'APRÈS-MIDI SOUS LE VENT ET J'AI LA SENSATION QUE MON VISAGE EST DÉGOÛTANT.

POURQUOI EST-CE QUE TU AS ACCEPTÉ AUSSI NATURELLEMENT DE DORMIR ICI?
ET ALORS? IL NE FALLAIT PAS?
BIEN SÛR QUE NON! TU NE SAIS MÊME PAS QUI HABITE ICI?

ENTRE!
C'EST LE BORDEL ICI, NE TE MOQUE PAS DE MOI.
J'AI L'IMPRESSION QUE LES GAMINS D'ICI SONT TOUS PLUS SAGES LES UNS QUE LES AUTRES.
EN T'ÉCOUTANT PARLER, JE CROYAIS QUE C'ÉTAIENT DES VOYOUS.
QU'EST-CE QUE TU CROIS, HEIN? QU'ON AVAIT UNE ÉTIQUETTE VOYOU COLLÉE SUR LE FRONT?
IL N'Y A QUE TOI POUR PENSER COMME ÇA.
北京

TU DORS SOUVENT CHEZ DES GARÇONS QUE TU NE CONNAIS PAS?
?
NON.
T'ES FÂCHÉE? C'EST JUSTE QUE JE CROYAIS...
JE VOULAIS LUI DIRE QUE JE LA TROUVAIS FRIVOLE ET MALHONNÊTE, MAIS LES MOTS ÉTAIENT TROP FORTS, ET J'AVAIS PEUR DE LA VEXER POUR DE BON.

AU FAIT,
QU'EST-CE QUE VOUS VOUS RACONTIEZ AVEC GAO PU?
RIEN DU TOUT. JUSTE QUE SI J'AVAIS ENVIE DE DEVENIR MILITAIRE, IL POUVAIT M'AIDER.
TU NE M'AVAIS JAMAIS DIT QUE TU VOULAIS DEVENIR MILITAIRE...
ALORS POURQUOI LE LUI AVOIR DIT À LUI, ALORS QUE TU LE VOIS POUR LA PREMIÈRE FOIS? TU TE LIES VRAIMENT VITE.

ON BAVARDAIT, ET C'EST VENU NATURELLEMENT. QU'EST-CE QU'ON POUVAIT FAIRE D'AUTRE? RESTER ASSIS SANS RIEN DIRE? C'EST TOI QUI M'AS DEMANDÉ DE VENIR, JE VIENS ET TU NE ME PARLES MÊME PAS ; TU VAS FAIRE LE CHANTIER AVEC DES GOSSES, ET EN PLUS TU M'EN VEUX.
ALLEZ, BOIS UN PEU D'EAU CHAUDE!
JE ME SENTAIS BEAUCOUP MIEUX SUITE À SES EXPLICATIONS ET JE N'ARRÊTAIS PAS DE RIRE.
COMMENT AURAIS-JE PU OSER TE PARLER DEVANT TOUT LE MONDE.
ET ALORS? DE TOUTE FAÇON, NOUS N'AVONS RIEN À CACHER.
C'EST À TA MÈRE ÇA?

TU SAIS, EN FAIT, JE LE TROUVE PAS INTÉRESSANT. MAIS, PUISQU'IL DIT QU'IL PEUT M'AIDER, JE VAIS M'EN SERVIR. J'AI VRAIMENT ENVIE DE DEVENIR MILITAIRE, ET CE, DEPUIS TOUTE PETITE. MAIS NOTRE FAMILLE EST DE LA CAMPAGNE, ON N'A PAS DE RELATIONS.
TU CROIS QU'IL VA VRAIMENT M'AIDER?
OUAIS.
IL SUFFIT QUE SON PÈRE DISE OUI POUR QUE TU ENTRES SANS PROBLÈME DANS LEUR DIVISION ARTISTIQUE. JE LUI REPOSERAI LA QUESTION À L'OCCASION. ...TU JOUES BIEN DE LA PIPA?

MOYEN. JUSTEMENT, C'EST LÀ LE PROBLÈME.
PAPA?!
DÈS QUE JE ME SUIS ASSURÉ QUE C'ÉTAIT BIEN MON PÈRE, MON CERVEAU S'EST MIS À BOURDONNER, LE SANG A AFFLUÉ SUR MON VISAGE EN ÉPAISSES VAGUES, COMME LORSQU'UNE PIERRE EST JETÉE DANS LA CUVE DU TEINTURIER. POURQUOI DONC REVENAIT-IL AVANT L'HEURE ?

PAPA... PAPA,
TU REVIENS BIEN TÔT...
C'EST?
C'EST, C'EST L'UN DE
NOS PROFESSEURS.
BONJOUR,
MONSIEUR.
MON PÈRE A JAUGÉ MI LAN
DU COIN DE L'ŒIL, PUIS IL M'A
JETÉ UN REGARD PROFOND,
REMPLI DE SUSPICION.

MI LAN M'A JETÉ UN REGARD D'INCOMPRÉHENSION, MAIS JE NE POUVAIS RIEN POUR ELLE, ET ELLE EST ENTRÉE TÊTE BASSE DANS LA CHAMBRE DE MON PÈRE.
JEUNE CAMARADE, SUIS-MOI.
J'ENTENDAIS DES BRUITS CONFUS DE CONVERSATION DERRIÈRE LA PORTE. LA VOIX DE MON PÈRE ÉTAIT TRÈS VIGOUREUSE, MAIS IL PARLAIT POSÉMENT ET DISTINCTEMENT, MÉTHODIQUE ET SÛR DE LUI ; LA VOIX DE MI LAN AU CONTRAIRE ÉTAIT INDISTINCTE, SANS COHÉRENCE, AVEC SEULEMENT QUELQUES MOTS QUI RESSORTAIENT CLAIREMENT.

J'ÉTAIS À LA FOIS INQUIET ET HONTEUX, CONTENANT DIFFICILEMENT UNE COLÈRE GRANDISSANTE. J'AVAIS VRAIMENT ENVIE DE SAISIR QUELQUE CHOSE DE LOURD POUR LE JETER, POUR EXPRIMER MES SENTIMENTS PAR L'INTERMÉDIAIRE D'UN «BOUM» RETENTISSANT ET PAR LA MULTITUDE DE DÉBRIS JONCHANT LE SOL.
NATURELLEMENT, EN OPPOSITION TOTALE AVEC MON VIOLENT DÉSIR D'EXPLOSION, MON CORPS EST RESTÉ TOTALEMENT IMMOBILE.
CRIIII
BIEN, PETITE CAMARADE, AU REVOIR!
XIAOJUN, INTERDICTION DE SORTIR. CE SOIR, EN RENTRANT, J'AURAI À TE PARLER.
JE M'EN VAIS, MONSIEUR.

MI LAN, ATTENDS... QU'EST-CE QUE T'AS DIT MON PÈRE?
IL M'A FAIT LA MORALE.
AH...
TON PÈRE EST PARTI?
OUI, TU ENTRES?

NON, JE N'OSE PLUS ENTRER CHEZ TOI. TON PÈRE EST TERRIBLE.
IL T'A INSULTÉE?
HEUREUSEMENT NON... IL ÉTAIT MÊME PLUTÔT AIMABLE.
...MAIS IL M'A DEMANDÉ QUELLES ÉTAIENT NOS RELATIONS, COMMENT ON S'EST RENCONTRÉS...
QUI SONT MES PARENTS, OÙ J'HABITE...
IL FAIT VRAIMENT CHIER MON PÈRE!
TU LUI AS TOUT DIT?

IL N'Y A RIEN À CACHER DE TOUTE FAÇON? ET PUIS, TON PÈRE EST PRÉOCCUPÉ, IL A PEUR QUE TU TOURNES MAL.
POURQUOI TU N'AS PAS DIT QUE TU ÉTAIS MON PROFESSEUR?
QUI L'AURAIT CRU? JE N'AI PAS LA TÊTE DE L'EMPLOI, ET CELA N'AURAIT SERVI À RIEN DE RACONTER DES BOBARDS.
VA M'ATTENDRE SUR LA COLLINE!
J'ARRIVE DANS UN MOMENT.
OK, À CE SOIR!

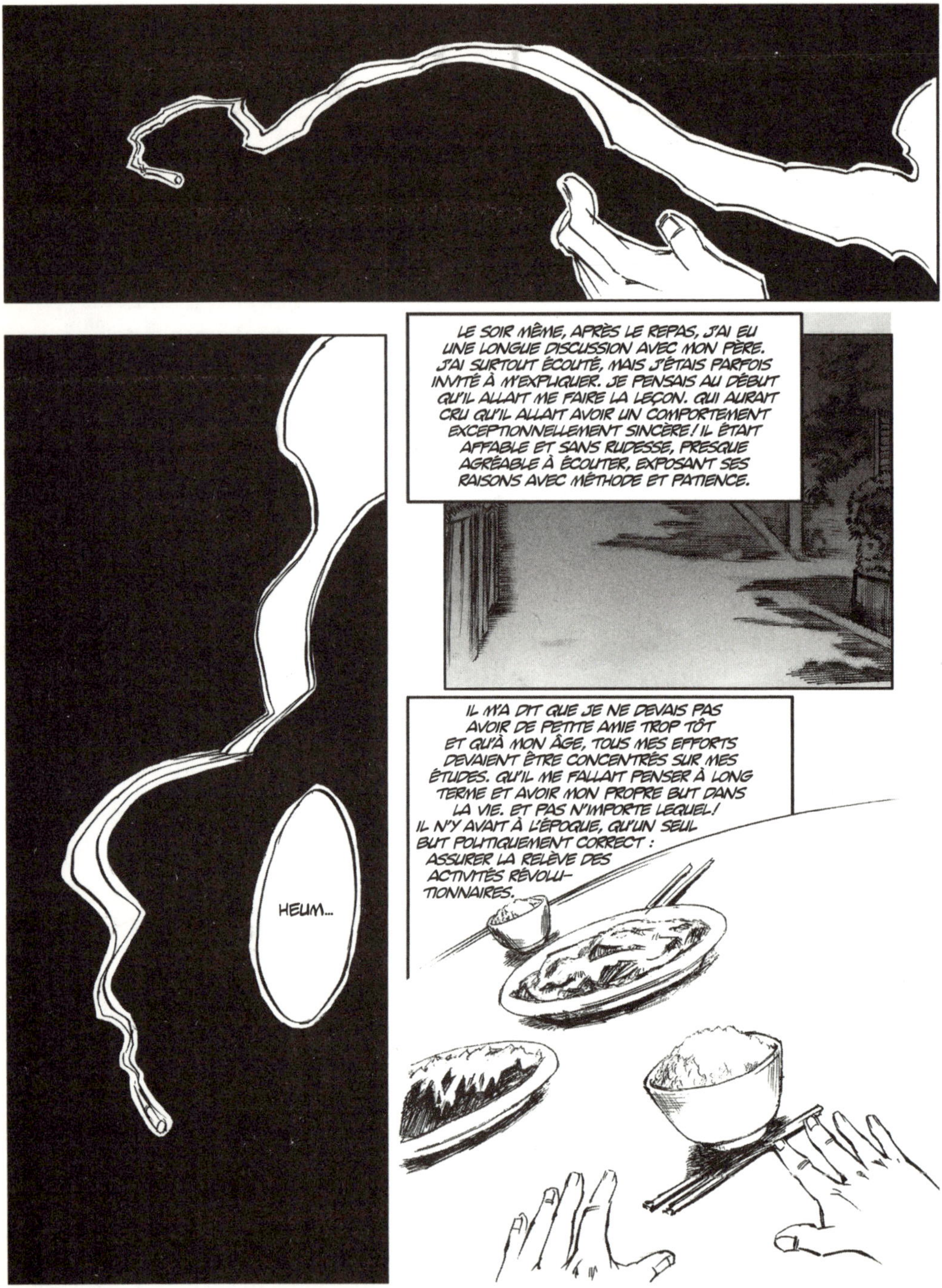

LE SOIR MÊME, APRÈS LE REPAS, J'AI EU UNE LONGUE DISCUSSION AVEC MON PÈRE. J'AI SURTOUT ÉCOUTÉ, MAIS J'ÉTAIS PARFOIS INVITÉ À M'EXPLIQUER. JE PENSAIS AU DÉBUT QU'IL ALLAIT ME FAIRE LA LEÇON. QUI AURAIT CRU QU'IL ALLAIT AVOIR UN COMPORTEMENT EXCEPTIONNELLEMENT SINCÈRE ! IL ÉTAIT AFFABLE ET SANS RUDESSE, PRESQUE AGRÉABLE À ÉCOUTER, EXPOSANT SES RAISONS AVEC MÉTHODE ET PATIENCE.
HEUM...
IL M'A DIT QUE JE NE DEVAIS PAS AVOIR DE PETITE AMIE TROP TÔT ET QU'À MON ÂGE, TOUS MES EFFORTS DEVAIENT ÊTRE CONCENTRÉS SUR MES ÉTUDES. QU'IL ME FALLAIT PENSER À LONG TERME ET AVOIR MON PROPRE BUT DANS LA VIE. ET PAS N'IMPORTE LEQUEL ! IL N'Y AVAIT À L'ÉPOQUE, QU'UN SEUL BUT POLITIQUEMENT CORRECT : ASSURER LA RELÈVE DES ACTIVITÉS RÉVOLUTIONNAIRES.

TOUS CES ESPOIRS PORTÉS SUR MOI, SURTOUT PAR MON PÈRE, ME FAISAIENT TRÈS PEUR.
J'AVAIS DÉJÀ ENTENDU CES MÊMES SERMONS DES CENTAINES DE FOIS. ILS ME LAISSAIENT FROID.
POURTANT, TROP MISER SUR MA PERSONNE ME FAISAIT NOURRIR UNE FOLLE AMBITION ET DEVENIR PRÉTENTIEUX.

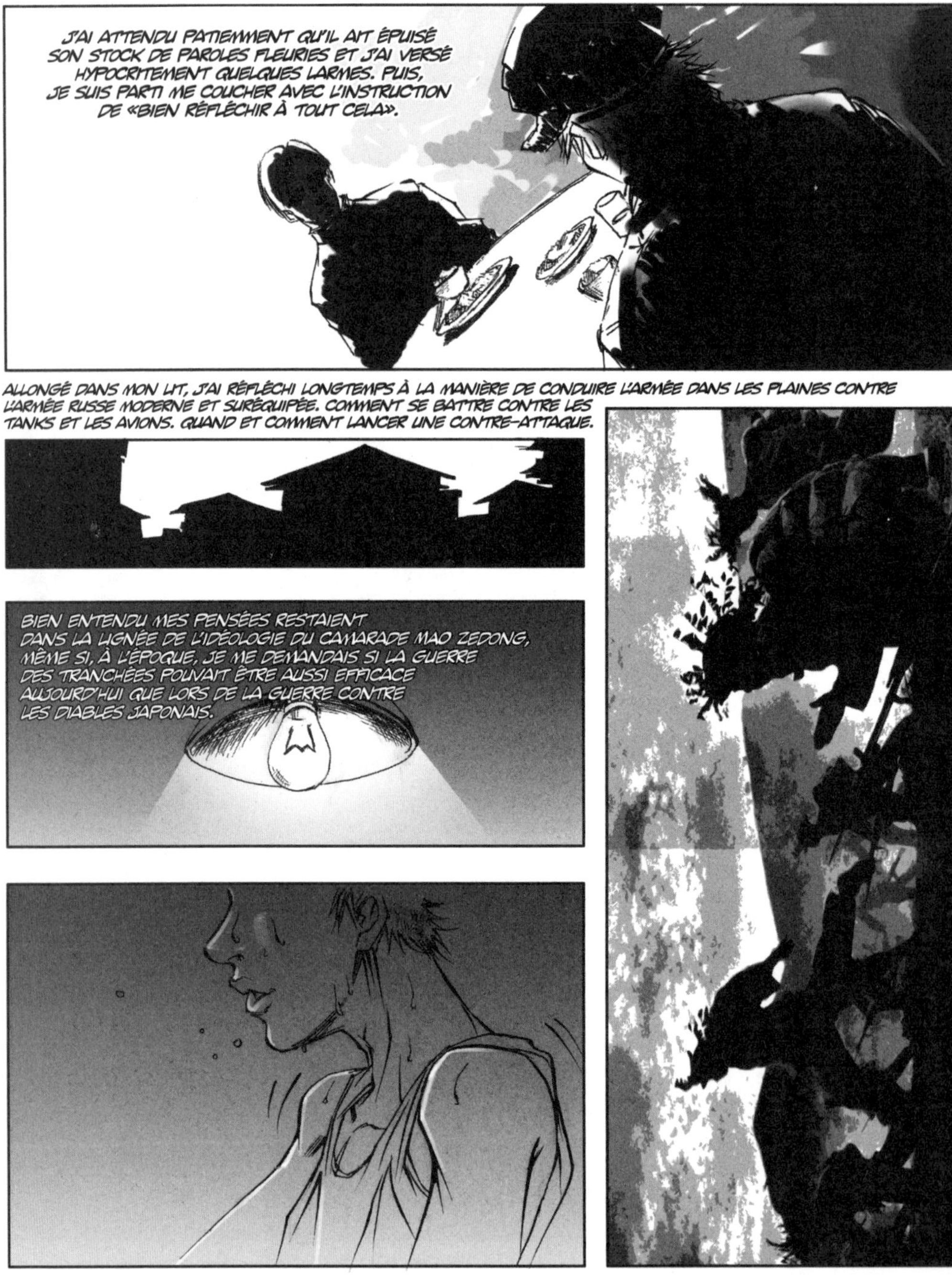
J'AI ATTENDU PATIEMMENT QU'IL AIT ÉPUISÉ SON STOCK DE PAROLES FLEURIES ET J'AI VERSÉ HYPOCRITEMENT QUELQUES LARMES. PUIS, JE SUIS PARTI ME COUCHER AVEC L'INSTRUCTION DE «BIEN RÉFLÉCHIR À TOUT CELA».
ALLONGÉ DANS MON LIT, J'AI RÉFLÉCHI LONGTEMPS À LA MANIÈRE DE CONDUIRE L'ARMÉE DANS LES PLAINES CONTRE L'ARMÉE RUSSE MODERNE ET SURÉQUIPÉE. COMMENT SE BATTRE CONTRE LES TANKS ET LES AVIONS. QUAND ET COMMENT LANCER UNE CONTRE-ATTAQUE.
BIEN ENTENDU MES PENSÉES RESTAIENT DANS LA LIGNÉE DE L'IDÉOLOGIE DU CAMARADE MAO ZEDONG, MÊME SI, À L'ÉPOQUE, JE ME DEMANDAIS SI LA GUERRE DES TRANCHÉES POUVAIT ÊTRE AUSSI EFFICACE AUJOURD'HUI QUE LORS DE LA GUERRE CONTRE LES DIABLES JAPONAIS.

APRÈS AVOIR SONGÉ À LA VIOLENCE DE LA GUERRE, JE ME SUIS MIS À RÊVER AU RETOUR TRIOMPHANT, SOUS LES ACCLAMATIONS DE LA FOULE EN DÉLIRE, LA POITRINE COUVERTE DE DÉCORATIONS... ET DES BLESSURES DE GUERRE ! MAIS JE NE ME VOYAIS ABSOLUMENT PAS REVÊTU DE L'UNIFORME VERT DE L'ARMÉE DE DÉFENSE ! PUIS, J'AI SAUTÉ PAR LA FENÊTRE ET JE ME SUIS SAUVÉ.

J'AI MARCHÉ JUSQU'AU PIED DE LA COLLINE. DES BRIBES DE CHANTS MASCULINS, ENTRECOUPÉS D'ACCORDS DE GUITARE, ME PARVENAIENT DU PAVILLON SITUÉ À MON SOMMET : C'ÉTAIT UNE CHANSON RUSSE TRÈS À LA MODE À L'ÉPOQUE, «LES TROIS VÉHICULES», DONT LES PAROLES ÉTAIENT SIMPLES ET L'AIR TRISTE. AU PLUS PROFOND DE LA NUIT, SOUS LA LUNE ET LES ÉTOILES, AVEC LE MURMURE DU VENT DANS LES ARBRES, LA CHANSON ÉTAIT TRÈS ÉMOUVANTE. ON NE POUVAIT S'EMPÊCHER DE SOUPIRER ET D'ÉPROUVER LE SENTIMENT D'AVOIR PERDU QUELQUE CHOSE DE TRÈS PRÉCIEUX.

JE SUIS MONTÉ DANS LE PAVILLON ; ILS ENTONNAIENT MAINTENANT UNE CHANSON DE L'ÉPOQUE DE LA GUERRE SOVIÉTIQUE, «LE PETIT CHEMIN». JE ME SUIS ASSIS À CÔTÉ DE MI LAN.
ILS ENCHAÎNAIENT CHANSON SUR CHANSON. TOUT NOTRE RÉPERTOIRE Y EST PASSÉ ! AVEC LEURS VOIX GRAVES, ILS N'ÉTAIENT PAS ENSEMBLE, MAIS ILS Y METTAIENT TOUT LEUR COEUR : IMPOSSIBLE DE RESTER INDIFFÉRENT. MÊME SI JE N'AI PAS OUVERT LA BOUCHE POUR CHANTER, MON COEUR DÉBORDAIT D'ENTHOUSIASME. J'ÉTAIS POURSUIVI PAR CHAQUE MÉLODIE ET J'ÉTAIS AUSSI HEUREUX QUE SI J'AVAIS CHANTÉ À TUE-TÊTE.

J'AI REMARQUÉ QUE, TOUT EN CHANTANT, MI LAN ET GAO PU N'ARRÊTAIENT PAS DE SE REGARDER. MAIS JE N'ÉTAIS NI JALOUX, NI MALHEUREUX. CES CHANTS REPRIS EN COEUR NOUS AVAIENT TOUS REMPLIS D'ÉMOTION...

L'ÉTÉ, LE SOLEIL DE MIDI REND SOMNOLENT.

PARFOIS, TOUT EN ME PARLANT,

ELLE S'ENDORMAIT SUR SON LIT.

L'ÉVENTAIL QU'ELLE TENAIT DANS LA MAIN,
COLLÉ SUR SA FIGURE OU TOMBÉ PAR TERRE.

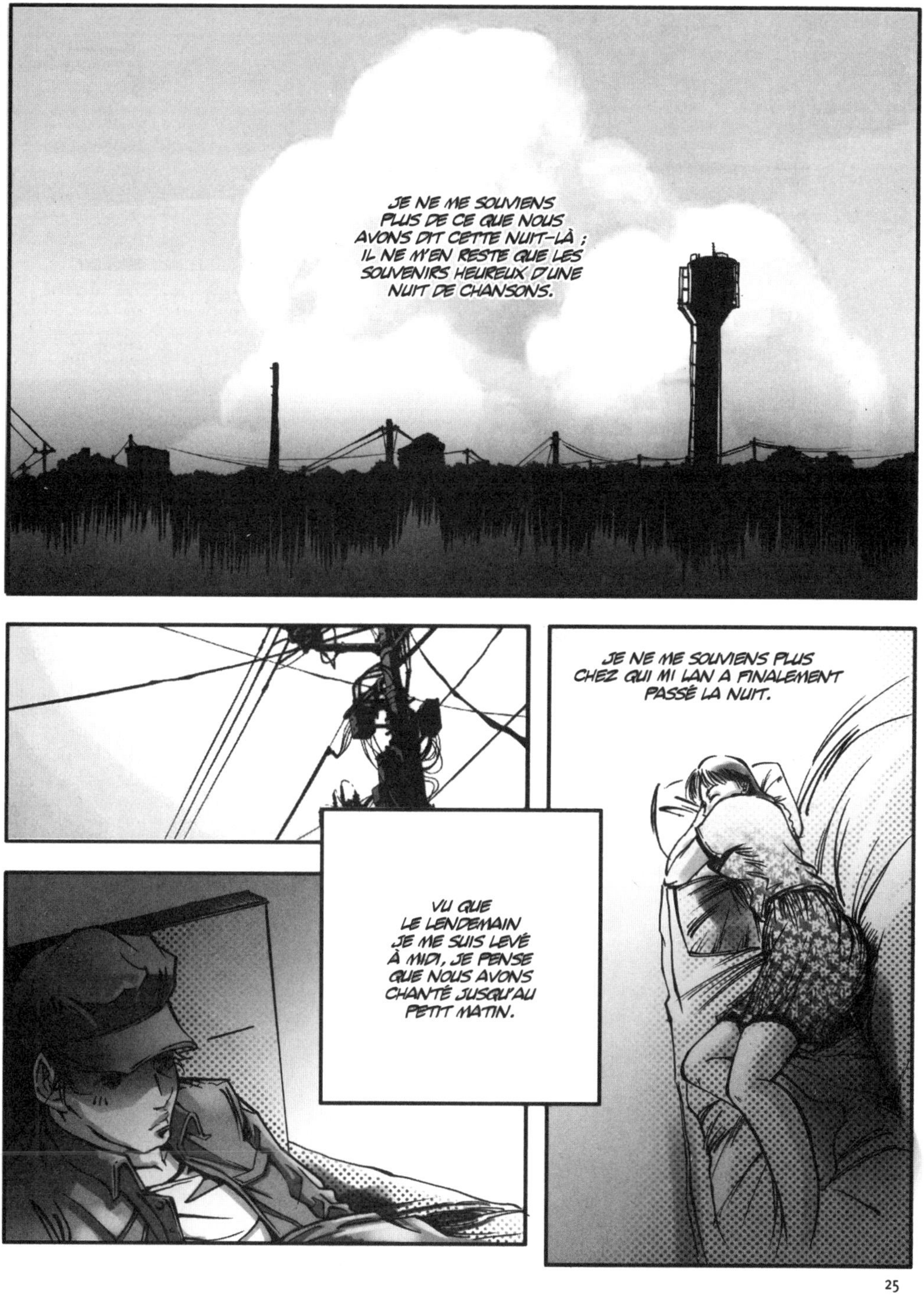
JE NE ME SOUVIENS PLUS DE CE QUE NOUS AVONS DIT CETTE NUIT-LÀ ; IL NE M'EN RESTE QUE LES SOUVENIRS HEUREUX D'UNE NUIT DE CHANSONS.
JE NE ME SOUVIENS PLUS CHEZ QUI MI LAN A FINALEMENT PASSÉ LA NUIT.
VU QUE LE LENDEMAIN JE ME SUIS LEVÉ À MIDI, JE PENSE QUE NOUS AVONS CHANTÉ JUSQU'AU PETIT MATIN.

MAIS, JE M'EN MOQUAIS. LE LENDEMAIN MATIN, IL N'Y AVAIT PAS LA MOINDRE GÊNE ENTRE NOUS.
T'AS VU MI LAN?
NON, ELLE EST PEUT-ÊTRE RENTRÉE.
EN RÉALITÉ QUAND NOUS NOUS SOMMES RETROUVÉS LE LENDEMAIN, ELLE N'ÉTAIT PLUS LÀ...
... PEUT-ÊTRE MÊME QU'ELLE N'AVAIT PAS DORMI ICI ET QU'ELLE ÉTAIT PARTIE PAR LE PREMIER BUS.

JE ME SOUVIENS CONFUSÉMENT QUE NOUS AVONS PASSÉ LA JOURNÉE CHEZ GAO PU À BAVARDER ET À BOIRE DU THÉ FORT ET AMER.
MI LAN ÉTAIT AFFALÉE, SOMNOLENTE, SUR LE CANAPÉ EN ROTIN. ELLE NOUS CONSIDÉRAIT, LES UNS APRÈS LES AUTRES, D'UN REGARD FLOU MAIS BRILLANT.
GAO PU, TON THÉ EST VRAIMENT TROP AMER.
HA, HA, N'IMPORTE QUOI.
AH...

QUELLE CONNERIE.
...
N'IMPORTE QUOI ...
CE SOUVENIR N'EST PAS COMPLET, LA SCÈNE EST CLAIRE, MAIS LA DATE RESTE FLOUE...
...PARCE QU'ENSUITE, ELLE EST VENUE PLUSIEURS FOIS DANS NOTRE COUR.

NOUS AVONS PASSÉ DES NUITS À BAVARDER AUSSI BIEN CHEZ GAO PU QUE CHEZ FANG FANG, OU PARFOIS ENCORE CHEZ WEINING.

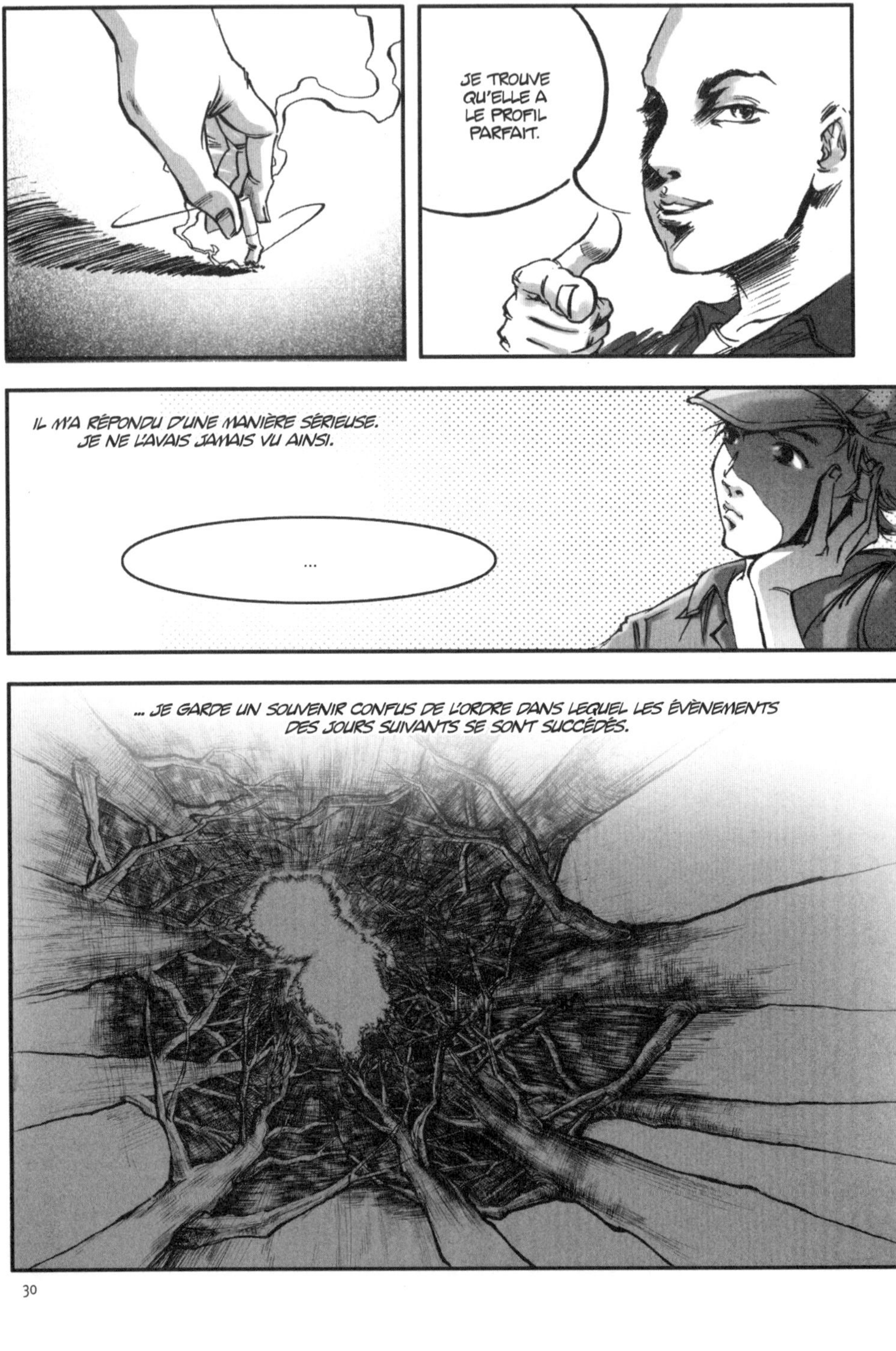
JE TROUVE QU'ELLE A LE PROFIL PARFAIT.
IL M'A RÉPONDU D'UNE MANIÈRE SÉRIEUSE. JE NE L'AVAIS JAMAIS VU AINSI.
...
... JE GARDE UN SOUVENIR CONFUS DE L'ORDRE DANS LEQUEL LES ÉVÈNEMENTS DES JOURS SUIVANTS SE SONT SUCCÉDÉS.

JE NE SAIS PAS POURQUOI, NI COMMENT NOUS EN ÉTIONS ARRIVÉ LÀ, CAR SI JE SUIS CERTAIN DU DÉCOR, MES SOUVENIRS RESTENT EN PARTIE INCOMPLETS.

LA PLUPART DU TEMPS L'ACTION SE DÉROULAIT DANS LES RECOINS DE NOTRE CAMPUS, ET PARFOIS DANS LES RUES...

JE ME SOUVIENS SEULEMENT DE LIEUX COMME DONGDAN, DONGSIBEIDAJIE, LE CROISEMENT DE XISI OU LA RUE WENJIN RELIANT BEIHAI ET HOUHAI.

DRING...
DRING...
PARDON, PARDON...
LAISSEZ PASSER!
FRRRT
ELLE ÉTAIT À LA GUÉRITE DU GARDE PRÈS DE LA PORTE EN FER, À L'ENTRÉE DU CAMPUS. ELLE TÉLÉPHONAIT. MOI, JE DEVAIS PASSER EN VÉLO.

MI LAN!

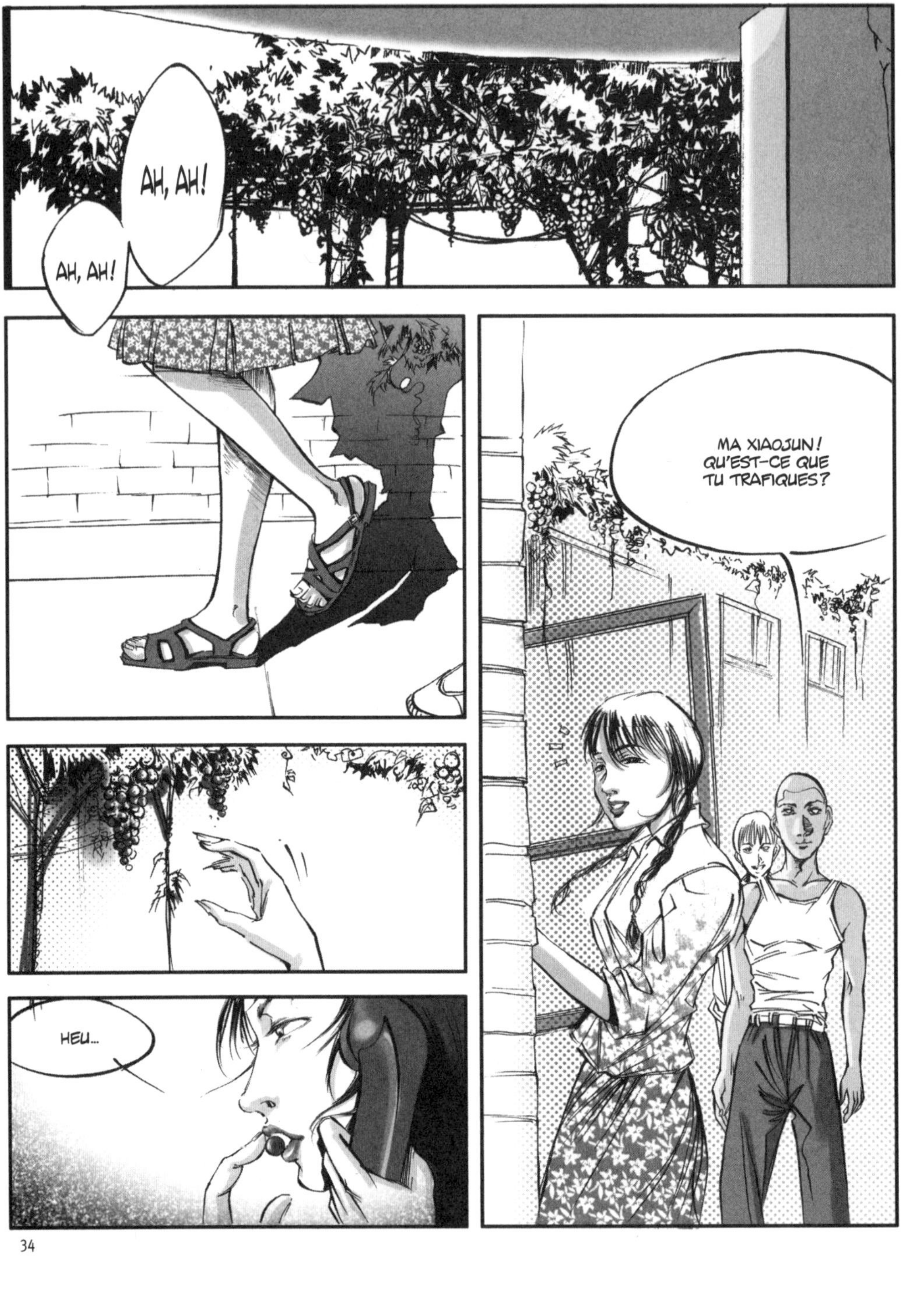
AH, AH!
AH, AH!
MA XIAOJUN! QU'EST-CE QUE TU TRAFIQUES?
HEU...

XIAOJUN, ON VA SUR LE TOIT CE SOIR. TU VIENS AVEC NOUS?
TOUTE LA BANDE SERA LÀ! À 8 HEURES, N'OUBLIE PAS!
D'ACCORD, ET PERSONNE EN RETARD CE SOIR!
HÉ, T'AS ENTENDU?
CE SOIR, N'OUBLIE PAS!

REGARDE LE COUCHER DE SOLEIL.
C'EST BEAU.

REGARDEZ LÀ-BAS.
HA, HA!
XIAOJUN, TU VAS PAS VOIR CE QUI SE PASSE?
C'EST NUL, C'EST JUSTE DEUX TYPES EN TRAIN DE S'INSULTER!
REGARDEZ!
ILS Y VONT FORT DANS LEURS INSULTES.
ÇA, C'EST SÛR!
C'EST NUL!
REGAR-DEZ,
C'EST PAS FINI.

AH, AH!
GAO PU! JE SUIS VRAIMENT FÂCHÉE.
...
GAO PU!
LA PAGODE BLANCHE ÉTAIT ÉBLOUISSANTE. UN LAC ÉMERAUDE SE DRESSAIT DERRIÈRE ELLE ET SUR L'AUTRE RIVE ON APERCEVAIT UN ÎLOT DE JADE VERDOYANT.

IL Y A D'AUTRES SCÈNES DONT LE SENS M'ÉCHAPPE ET DONT JE GARDE UN SOUVENIR CONFUS. JE NE PEUX PAS GARANTIR QUE MÊME CELLES DONT JE GARDE UNE IMPRESSION TRÈS FORTE ONT BIEN EU LIEU. PEUT-ÊTRE QU'ELLES NE SONT QUE LE RÉSULTAT DE DÉSIRS PROFONDS ET SECRETS ?
PLOC
PLOC
PLOC
PLOC
IL PLEUVAIT DE PLUS EN PLUS FORT.
JE MARCHAIS AVEC ELLE DANS LA RUE, SOUS LA PLUIE, UN PARAPLUIE EN PLASTIQUE BLEU CIEL TRANSPARENT À LA MAIN. LA PLUIE GOUTTAIT LE LONG DU PARAPLUIE, COMME DES LARMES...

MES CHAUSSURES ET LE BAS DE MON PANTALON ÉTAIENT TREMPÉS...

...SES JAMBES ET SES PIEDS NUS L'ÉTAIENT ÉGALEMENT ET, SOUS LA LUMIÈRE BRUMEUSE, PARAISSAIENT BLÊMES ET BRILLANTS COMME DU PLASTIQUE.

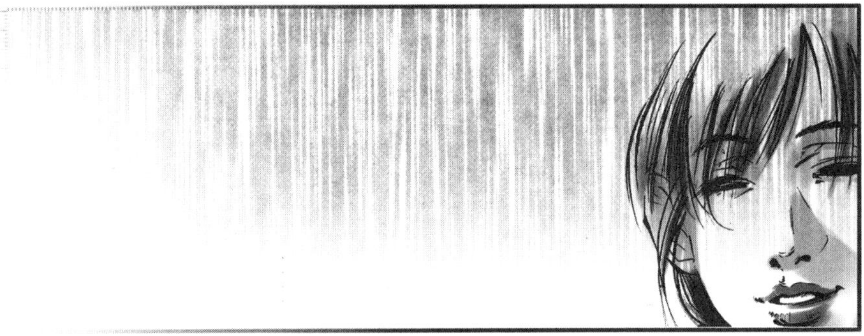

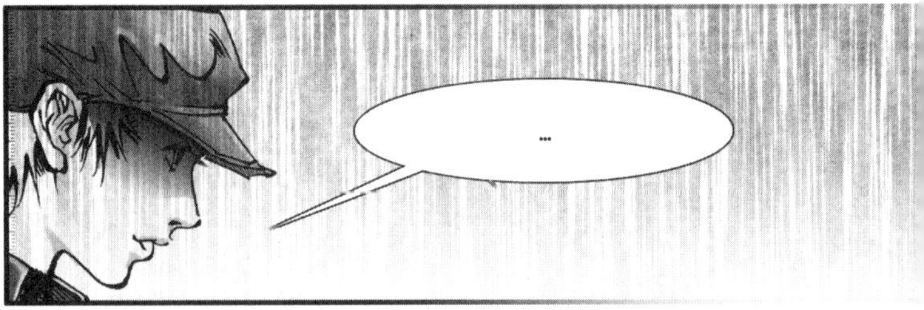

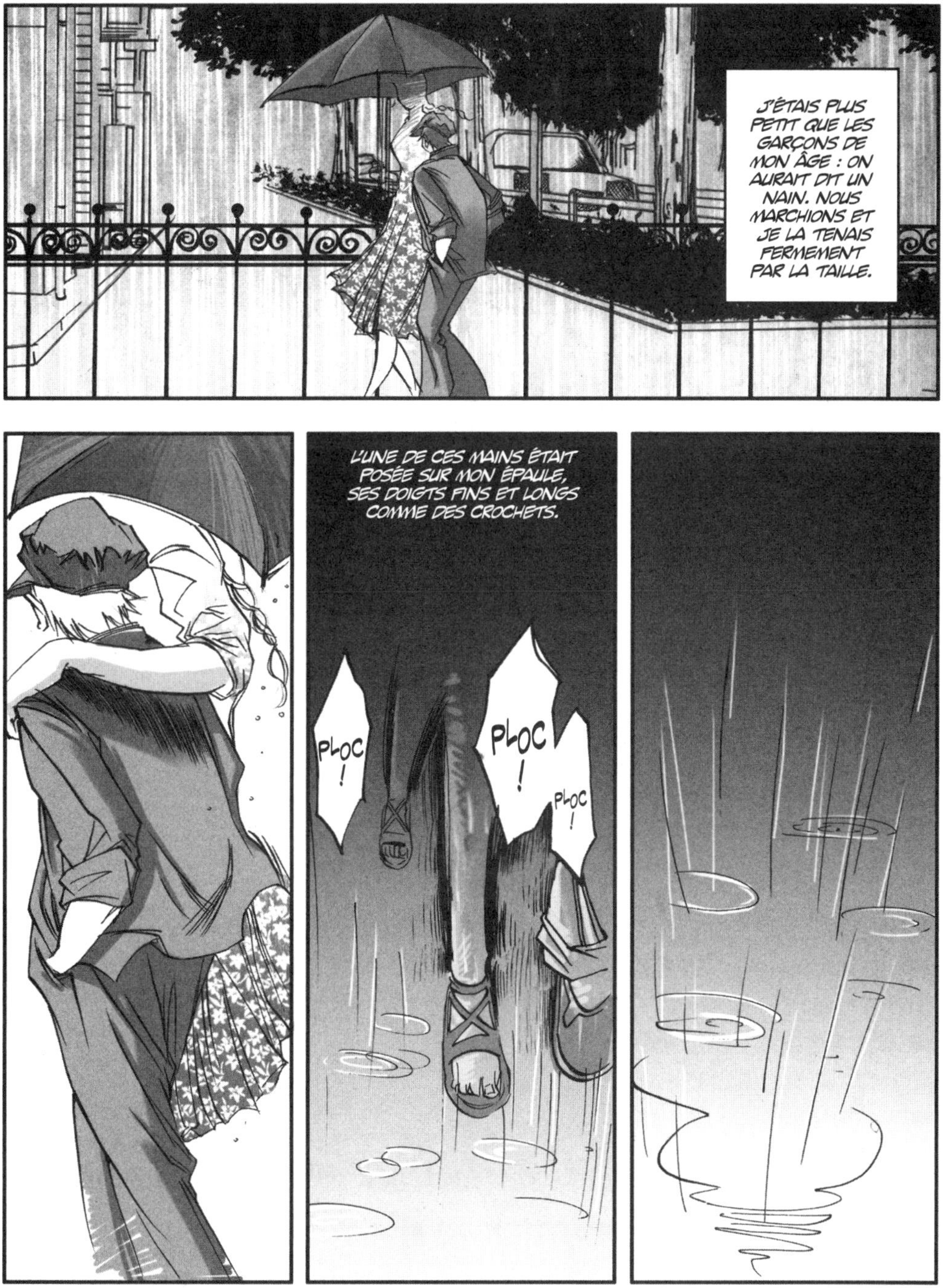
J'ÉTAIS PLUS PETIT QUE LES GARÇONS DE MON ÂGE : ON AURAIT DIT UN NAIN. NOUS MARCHIONS ET JE LA TENAIS FERMEMENT PAR LA TAILLE.
L'UNE DE CES MAINS ÉTAIT POSÉE SUR MON ÉPAULE, SES DOIGTS FINS ET LONGS COMME DES CROCHETS.
PLOC !
PLOC !
PLOC !

J'AVAIS TRÈS ENVIE DE LEVER LA TÊTE POUR VOIR SON VISAGE. MAIS JE N'ARRIVAIS À VOIR QUE L'OMBRE DU PARAPLUIE BLEU CIEL REFLÉTÉ PAR LA LUMIÈRE DU JOUR ET LES BALEINES EN ACIER AVEC DES REFLETS ARGENTÉS. ET, IMMANQUABLE AU MILIEU DE CELA, UN MENTON TOUT ROND, ROSE ET TENDRE, N'ARRÊTANT PAS DE TREMBLOTER. JE GARDE ENCORE AUJOURD'HUI LA FRAÎCHEUR DE CETTE PLUIE GRAVÉE DANS MA PEAU.

LE RESTE, CE NE SONT PLUS QUE DES SOUVENIRS PERSONNELS : J'OUVRE LA PORTE D'UNE PIÈCE VIDE ET SILENCIEUSE, J'AVANCE SUR LA POINTE DES PIEDS DANS LA PIÈCE, ME SAISIS DE QUELQUES PETITES COUPURES POSÉES SOUS UN THERMOS.

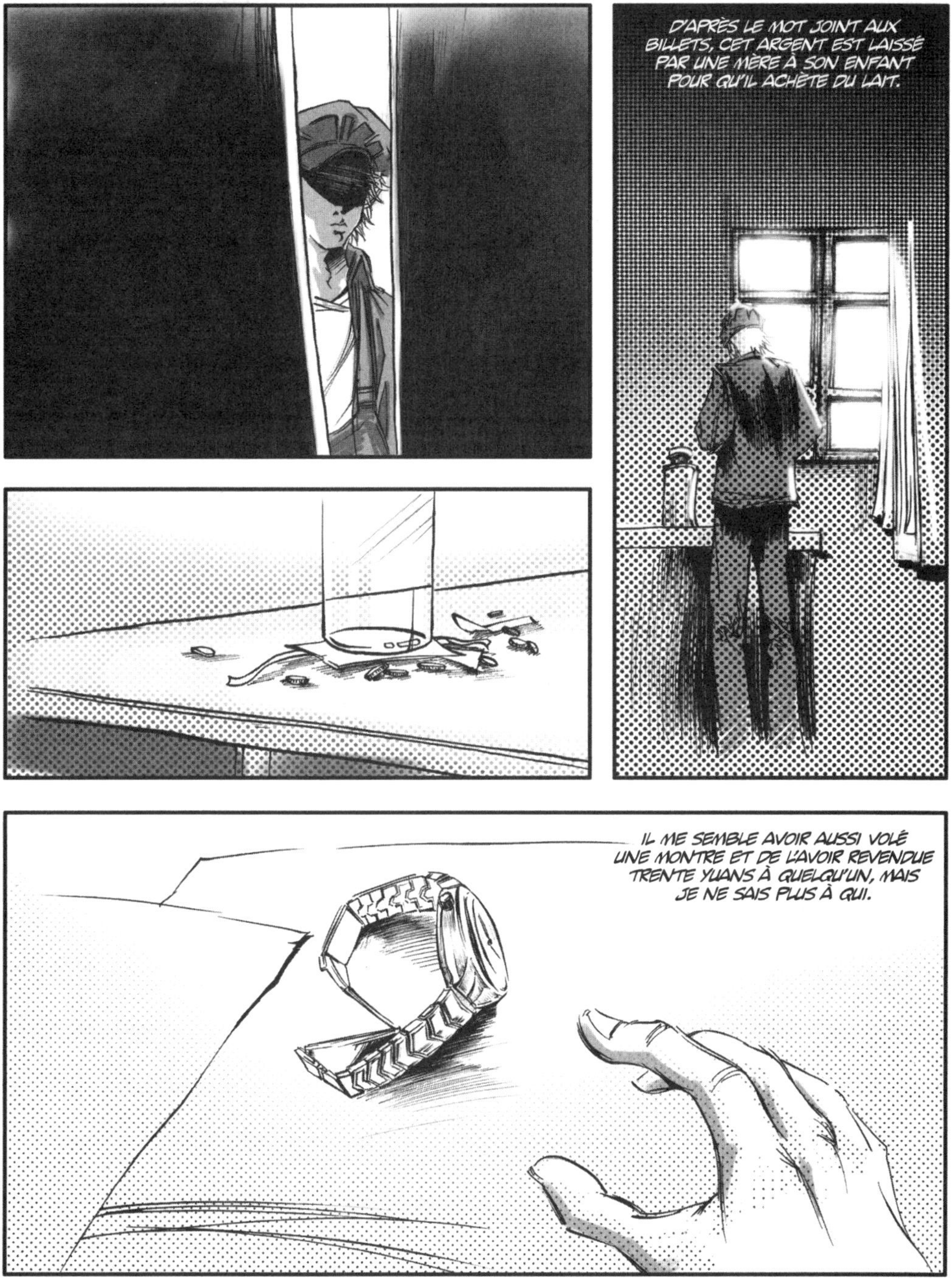

J'AVAIS UN ÉNORME BESOIN D'ARGENT À L'ÉPOQUE ; JE N'AI JAMAIS PLUS ÉTÉ AUSSI PAUVRE. JE N'AVAIS PAS UN SOU ET AUCUN REVENU. J'UTILISAIS CET ARGENT POUR INVITER MI LAN ET MES POTES À MANGER DES GLACES.
ALLEZ! ALLEZ, ALLEZ! DES GLACES, C'EST MA TOURNÉE!
PF
PFOU
NOUS NE POUVIONS PAS TOUJOURS LAISSER MI LAN SORTIR SON PORTE-MONNAIE. ELLE N'ÉTAIT TOUT DE MÊME PAS COUSUE DE FILS D'OR ET D'ARGENT, COMME CERTAINES FILLES D'AUJOURD'HUI.

DANS MES PIRES MOMENTS, JE NE POUVAIS QUE VIVRE À SES CROCHETS... ET J'AVOUE QUE CE N'ÉTAIT PAS DÉSAGRÉABLE. ENCORE UN PEU ET J'AURAIS ÉTÉ IRRÉCUPÉRABLE.
SI VOUS SAVIEZ TOUS LES EFFORTS SINCÈRES ET ASSIDUS, TOUS LES RISQUES QUE J'AI DÛ PRENDRE POUR RESSEMBLER UN PEU PLUS À UN HOMME. À L'ÉPOQUE, NOUS MANGIONS LE PLUS SOUVENT UNE GLACE DANS UN EMBALLAGE BLEU AVEC UN ICEBERG. CETTE MARQUE DE GLACES DÉLICIEUSES N'EXISTE PLUS MAINTENANT...
VA ACHETER DES GLACES AVEC L'EMBALLAGE BLEU.
ÇA VA...
ALORS, C'EST PAS CELLES-LÀ LES MEILLEU-RES?

CHEZ LE GLACIER AU SOMMET DU GRAND MAGASIN DE XIDAN, NOUS ADORIONS TOUS MANGER LES BOULES DE GLACE SERVIES DANS UNE SOUCOUPE, RECOUVERTES D'UNE ÉPAISSE COUCHE DE CRÈME SUCRÉE DÉGOULINANTE.
AH, AH,
ALLEZ VITE!
XIAOJUN, TU VAS OÙ?
TU VAS OÙ?
À XIDAN!

VOTRE DESSERT.
HA!...
HA!...
MIAM, MIAM... HUM... QUEL DÉLICE!
ELLES AVAIENT À PEU PRÈS LE MÊME GOÛT QUE LES «GLACES À LA CRÈME» QUE J'AI MANGÉES PLUS TARD À SHANGHAÏ.

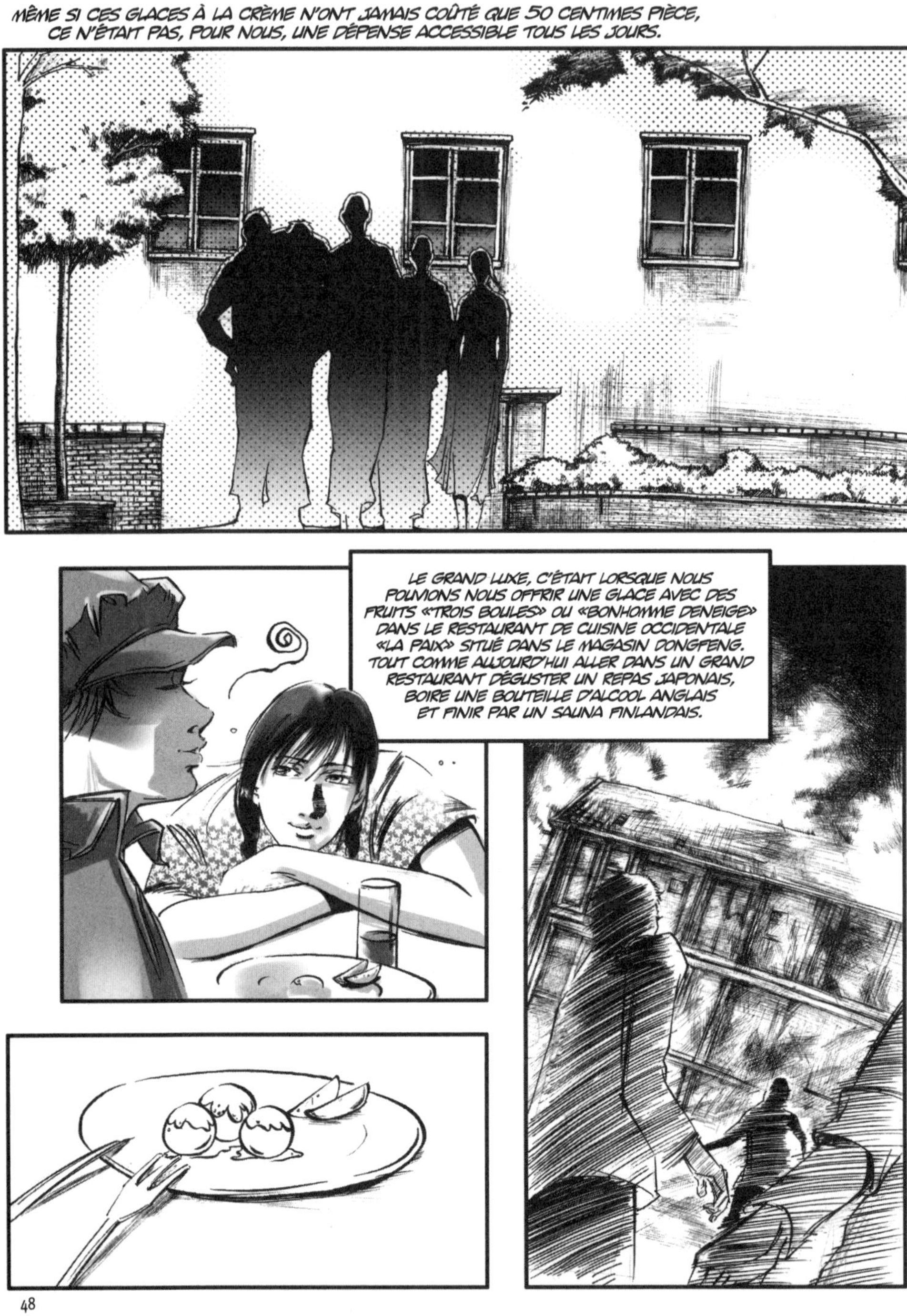
MÊME SI CES GLACES À LA CRÈME N'ONT JAMAIS COÛTÉ QUE 50 CENTIMES PIÈCE, CE N'ÉTAIT PAS, POUR NOUS, UNE DÉPENSE ACCESSIBLE TOUS LES JOURS.
LE GRAND LUXE, C'ÉTAIT LORSQUE NOUS POUVIONS NOUS OFFRIR UNE GLACE AVEC DES FRUITS «TROIS BOULES» OU «BONHOMME DENEIGE» DANS LE RESTAURANT DE CUISINE OCCIDENTALE «LA PAIX» SITUÉ DANS LE MAGASIN DONGFENG. TOUT COMME AUJOURD'HUI ALLER DANS UN GRAND RESTAURANT DÉGUSTER UN REPAS JAPONAIS, BOIRE UNE BOUTEILLE D'ALCOOL ANGLAIS ET FINIR PAR UN SAUNA FINLANDAIS.

CE FAMEUX RESTAURANT OCCIDENTAL «LA PAIX» A ÉTÉ DÉTRUIT ET RECONSTRUIT PLUSIEURS FOIS. DÉSORMAIS, À SA PLACE, S'ÉLÈVE LE «PALACE HÔTEL*».
* NDT : UN DES HÔTELS LES PLUS LUXUEUX DE PÉKIN.
JE RECONNAIS QUE LES GLACES N'ÉTAIENT PEUT-ÊTRE PAS AUSSI NÉCESSAIRES QUE LES PAINS DE MAÏS, MAIS POUR CERTAINS, C'ÉTAIT MIEUX D'AVALER DES GLACES LE VENTRE VIDE.

MES IMPRESSIONS DE CES QUELQUES JOURS AVEC MI LAN SONT TELLEMENT RICHES... JE ME SOUVIENS EXACTEMENT DE TOUS NOS ÉCHANGES, MÊME SI LEUR ORDRE CHRONOLOGIQUE RESTE PARFOIS FLOU. CAR, EN Y REPENSANT, NOUS NOUS FRÉQUENTIONS VRAIMENT BEAUCOUP ALORS.

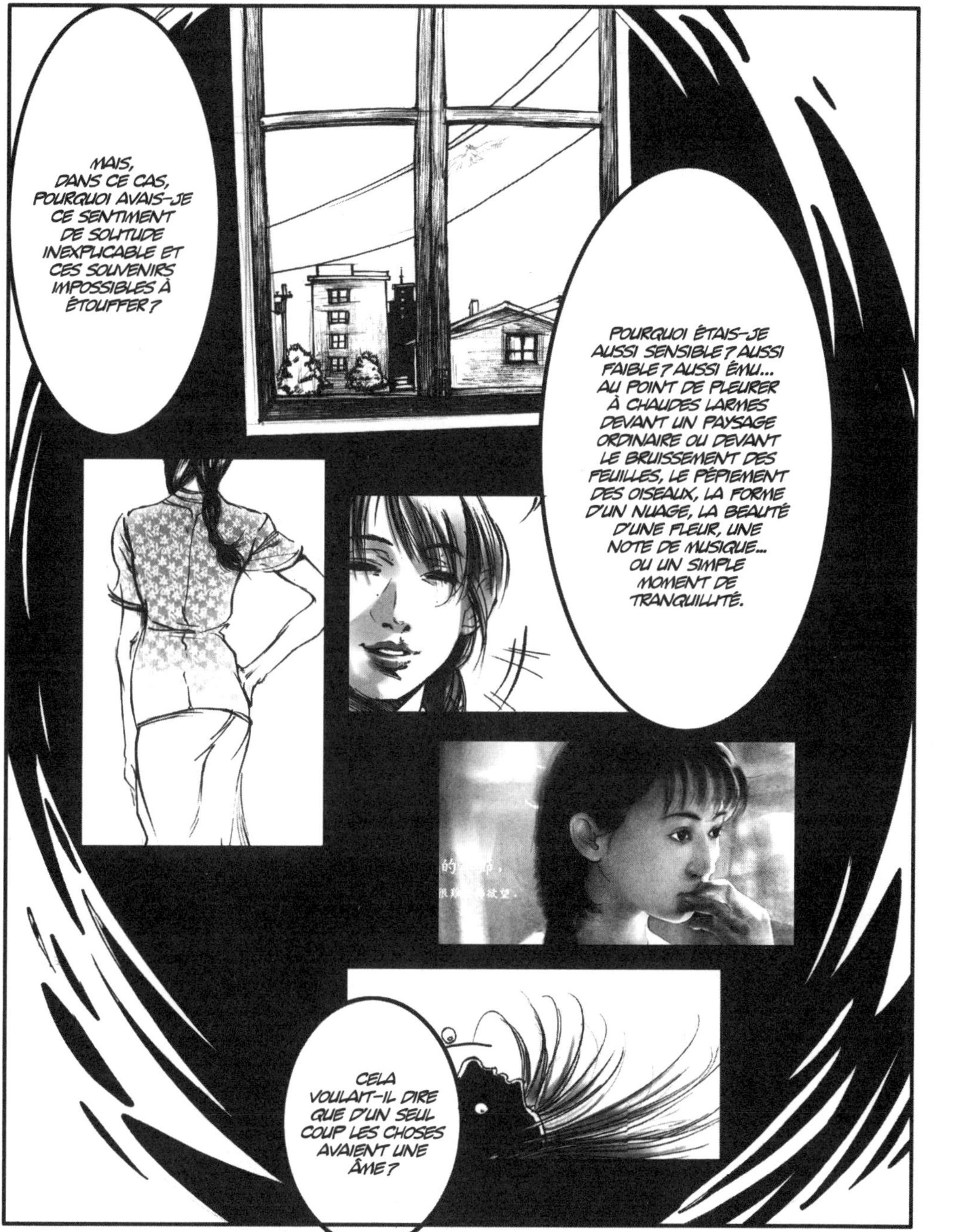
MAIS, DANS CE CAS, POURQUOI AVAIS-JE CE SENTIMENT DE SOLITUDE INEXPLICABLE ET CES SOUVENIRS IMPOSSIBLES À ÉTOUFFER ?
POURQUOI ÉTAIS-JE AUSSI SENSIBLE ? AUSSI FAIBLE ? AUSSI ÉMU... AU POINT DE PLEURER À CHAUDES LARMES DEVANT UN PAYSAGE ORDINAIRE OU DEVANT LE BRUISSEMENT DES FEUILLES, LE PÉPIEMENT DES OISEAUX, LA FORME D'UN NUAGE, LA BEAUTÉ D'UNE FLEUR, UNE NOTE DE MUSIQUE... OU UN SIMPLE MOMENT DE TRANQUILLITÉ.
CELA VOULAIT-IL DIRE QUE D'UN SEUL COUP LES CHOSES AVAIENT UNE ÂME ?

*NDT : EN 1937.
**NDT : LE 15 SEPTEMBRE 1950.

AU TOUT DÉBUT DE SA PRISE DE POUVOIR, LE PRÉSIDENT MAO A PRONONCÉ LA PHRASE CÉLÈBRE SUIVANTE : «POUR S'OPPOSER À L'ENVAHISSEMENT DE L'IMPÉRIALISME, NOUS DEVONS ABSOLUMENT CONSTITUER UNE MARINE FORTE!». PLUS TARD, LORS DE MON SERVICE MILITAIRE SUR UN NAVIRE STATIONNÉ À QINGDAO, J'AI REMARQUÉ QUE DES RADARS, DES CANONS ET DES RAMPES DE LANCEMENT DE BOMBES ET DE MISSILES AVAIENT ÉTÉ INSTALLÉS SUR CHAQUE HAUTEUR. POUR REPRENDRE LA PHRASE D'UN ANONYME DE L'ÉPOQUE : «30 ANS QUE LA MARINE EST LÀ ET TOUJOURS QUASIMENT AUCUNE PUISSANCE DE FEU». ET BIEN MAINTENANT, C'EST CHOSE FAITE.

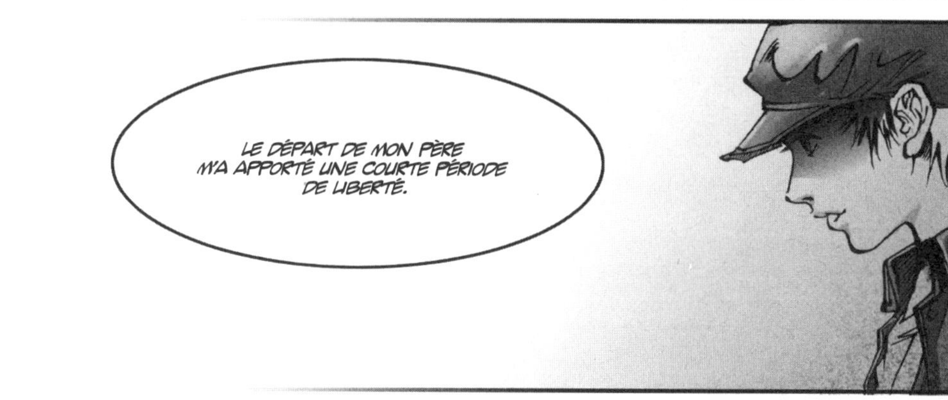

PLUS DE **PASSION** ET DE PROTECTION

LE DÉBUT **DU DOUTE** SUR SES PAROLES ET SES GESTES

IL N'ÉTAIT **ABSOLUMENT** PAS HEUREUX...

VIVE LE 1ER AOÛT – FÊTE DE CRÉATION DE L'ARMÉE
AOÛT – FÊTE DE CRÉATION DE L'ARMÉ
MAMAN ! D'OÙ SORTENT TOUS CES TICKETS D'ALIMENTATION ?!
CANTINE
ILS SONT POUR TON PÈRE ET NOUS DEUX. MAIS,
IL Y EN A EN TROP.

OH, MA MÈRE, ELLE...
C'EST À CETTE HEURE-CI QUE TU TE RAMÈNES XIAOJUN? ÇA FAIT UNE PAIE QU'ON T'ATTEND.
138
106
QUEL FESTIN!
LA HONTE!

BOULETTES DE VIANDE
DE L'IMPÉRATRICE CIXI
SIXIWANZI
PIED DE PORC À LA SAUCE DE SOJA.
HONGSHAOZHOUZI
CACAHUÈTES
HUASHENGMI
hehe !!!!!!
TCHIN !
ALLEZ !
CUL SEC !

CUL
SEC !
JE SUPPORTAIS TRÈS MAL L'ALCOOL À L'ÉPOQUE. QUELQUES VERRES DE VIN ET LA TÊTE ME TOURNAIT. LES AUTRES ÉTAIENT DÉJÀ ROUGES ET FAISAIENT UN RAFFUT DU DIABLE.

OUAH, QU'EST-CE QU'ON A BIEN MANGÉ! SI ÇA POUVAIT ÊTRE TOUS LES JOURS LE 1ER AOÛT!
T'AS TROP BU MON POTE.
QUELQUES GOUTTES DE VIN ET C'EST PARTI. T'EN AS PAS MARRE DE TON BAZAR?
NON.

YU BEIBEI EST LÀ ; ELLE RACONTE QUELQUE CHOSE À GAO PU EN TIRANT UNE DE CES TÊTES. ON DIRAIT QU'ELLE CAUSE DE WANG RUOHAI.
PEUT-ÊTRE QU'ELLE TROUVE QU'ON EST INJUSTE AVEC WANG RUOHAI, OU QUE CE DERNIER LUI A DEMANDÉ DE PLAIDER SA CAUSE.

NOUS N'ADRESSIONS PLUS LA PAROLE À WANG RUOHAI DEPUIS QU'IL NOUS AVAIT TRAHIS. DEPUIS TOUT PETIT, NOUS ADMIRIONS LES HÉROS, COMMENT AURIONS-NOUS PU ACCEPTER QU'UN TRAÎTRE VIVE PARMI NOUS?
NOUS REJETIONS JUSTEMENT CE TYPE DE COMPORTEMENT INFIDÈLE, COMME LE FERAIT UNE NOUVELLE DYNASTIE ARRIVANT AU POUVOIR, QUI CONSERVE UNE PARTIE DES MINISTRES DE LA DYNASTIE PRÉCÉDENTE, MAIS QUI LES SUPPRIME DE LA «CHRONIQUE OFFICIELLE ET HISTORIQUE».

WANG RUOHAI ÉTAIT FORCÉMENT
TRÈS AFFECTÉ PAR CETTE SOLITUDE
SANS PRÉCÉDENT ET IL ÉTAIT FORCÉ
DE S'AMUSER AVEC DES ENFANTS
PLUS JEUNES QUE LUI.

PLUSIEURS FOIS LORS DE NOS SORTIES BRUYANTES EN BANDE, JE L'AI APERÇU COMMANDANT UNE BANDE DE GAMINS MUNIS DE LANCE-PIERRES, TOUT EN NOUS JETANT DE LOIN DES REGARDS ENVIEUX.

HUM!
LAISSE TOMBER, BIEN FAIT POUR LUI!
VOUS ÊTES VRAIMENT DES SALAUDS!
IL N'A RIEN FAIT DE GRAVE!
INUTILE DE LE PRENDRE AUTANT À COEUR!

GAO PU, NE FAIS PAS L'ENFANT. WANG RUOHAI EST QUAND MÊME TRÈS SYMPA ET VOUS LUI MAN-QUEZ BEAUCOUP.
ET PUIS, WANG RUOHAI S'EST POINTÉ, UN SOURIRE GÊNÉ AUX LÈVRES, EN OFFRANT DES CLOPES À TOUT LE MONDE.
NOUS ÉTIONS TOUS UN PEU GÊNÉS DE VOIR UN ANCIEN BON CAMARADE TRANSFORMÉ DE LA SORTE. NOUS AVIONS ENVIE D'ÊTRE PLUS CHALEUREUX AVEC LUI, MAIS NOUS NE SAVIONS PAS PAR OÙ COMMENCER.
...

YU BEIBEI FAISAIT SON POSSIBLE POUR MONTRER QU'ELLE AIMAIT BIEN WANG RUOHAI. ELLE S'ASSEYAIT À CÔTÉ DE LUI, LUI ALLUMAIT DES CIGARETTES, AMENAIT LA CONVERSATION SUR DES SUJETS QUI LE FAISAIENT RIRE... ELLE ALLAIT MÊME JUSQU'À SE MONTRER PUBLIQUEMENT CHALEUREUSE* ! ELLE LE TOUCHAIT, LE PINÇAIT, POSAIT SON BRAS SUR SON ÉPAULE, SE SERRAIT CONTRE LUI. PARFOIS, ENLACÉS, ILS FUMAIENT ENSEMBLE.
* NDE : REMARQUE IMPORTANTE CAR MÊME À NOTRE ÉPOQUE, LE CONTACT CORPOREL CHEZ LES CHINOIS RESTE TRÈS INHABITUEL EN PUBLIC !
J'AI UN SOUVENIR TRÈS CLAIR ET INDÉLÉBILE DE CES MOMENTS-LÀ.
EN Y REPENSANT MAINTENANT, SON COMPORTEMENT NÉCESSITAIT UN VRAI COURAGE.

GAO PU?
BEN OUI.
OÙ ÉTAIT-IL PASSÉ AU MILIEU DE LA NUIT?
EN FAIT, C'EST QUAND IL EST REVENU QUE JE ME SUIS RENDU COMPTE QU'IL AVAIT DISPARU DEPUIS UN MOMENT. IL ÉTAIT BLÊME, AVAIT L'AIR EXTÉNUÉ, MAIS NE SEMBLAIT PAS SAOUL.
HÉ, J'AI FAIM! Y'A QUELQUE CHOSE À MANGER DANS CETTE BARAQUE?
ARH!
BON, ON VA PIQUER UN PEU DE RAB' À LA CANTINE?
J'Y VAIS.

C'EST MOI QUI Y VAIS!
BON. BEN, JE VAIS AVEC TOI. XIAOJUN ET XU SUN FERONT LE GUET DEHORS, D'ACCORD?
GAO PU N'A PAS, COMME À SON HABITUDE, JOUÉ SON RÔLE D'ORGANISATEUR. AU CONTRAIRE IL EST ALLÉ SE COUCHER SILENCIEUSEMENT DANS LA CHAMBRE. GAO YANG EST ENTRÉ POUR LUI DEMANDER UN TRUC ET IL S'EST FAIT VIRER BRUTALEMENT PAR GAO PU EN COLÈRE.
FOUS-MOI LE CAMP!

J'AI SU LE FIN MOT DE L'HISTOIRE QUELQUES JOURS PLUS TARD.
CE SOIR-LÀ, IL ÉTAIT ALLÉ EN VÉLO CHEZ MI LAN.
IL AVAIT TROP BU ET ÉTAIT ARRIVÉ CHEZ ELLE APRÈS PRESQU'UNE HEURE DE VÉLO, AYANT AUPARAVANT TRAVERSÉ TOUTE LA VILLE.
JE NE SAIS PAS COMMENT IL A FAIT POUR TROUVER L'IMMEUBLE DE MI LAN.

D'APRÈS LES RAGOTS, IL SEMBLERAIT QU'IL SOIT PARTI DE L'IMMEUBLE LE PLUS À DROITE ET QU'IL AIT HURLÉ SOUS CHAQUE IMMEUBLE, L'UN APRÈS L'AUTRE.

IL A HURLÉ LE NOM DE MI LAN SANS AUCUNE RETENUE, DEVANT CHAQUE IMMEUBLE PLONGÉ DANS LE NOIR LE PLUS COMPLET. SES HURLEMENTS RETENTISSANTS ET RAUQUES PARAISSAIENT PARTICULIÈREMENT TRAGIQUES AU MILIEU DE CETTE NUIT TRANQUILLE, ET L'ABSENCE DE RÉPONSE RENDAIT PLUS OBSTINÉS SES CRIS CHAQUE FOIS PLUS TRISTES ET PLUS DÉSESPÉRÉS... À EN ÊTRE PRESQUE MORBIDES.

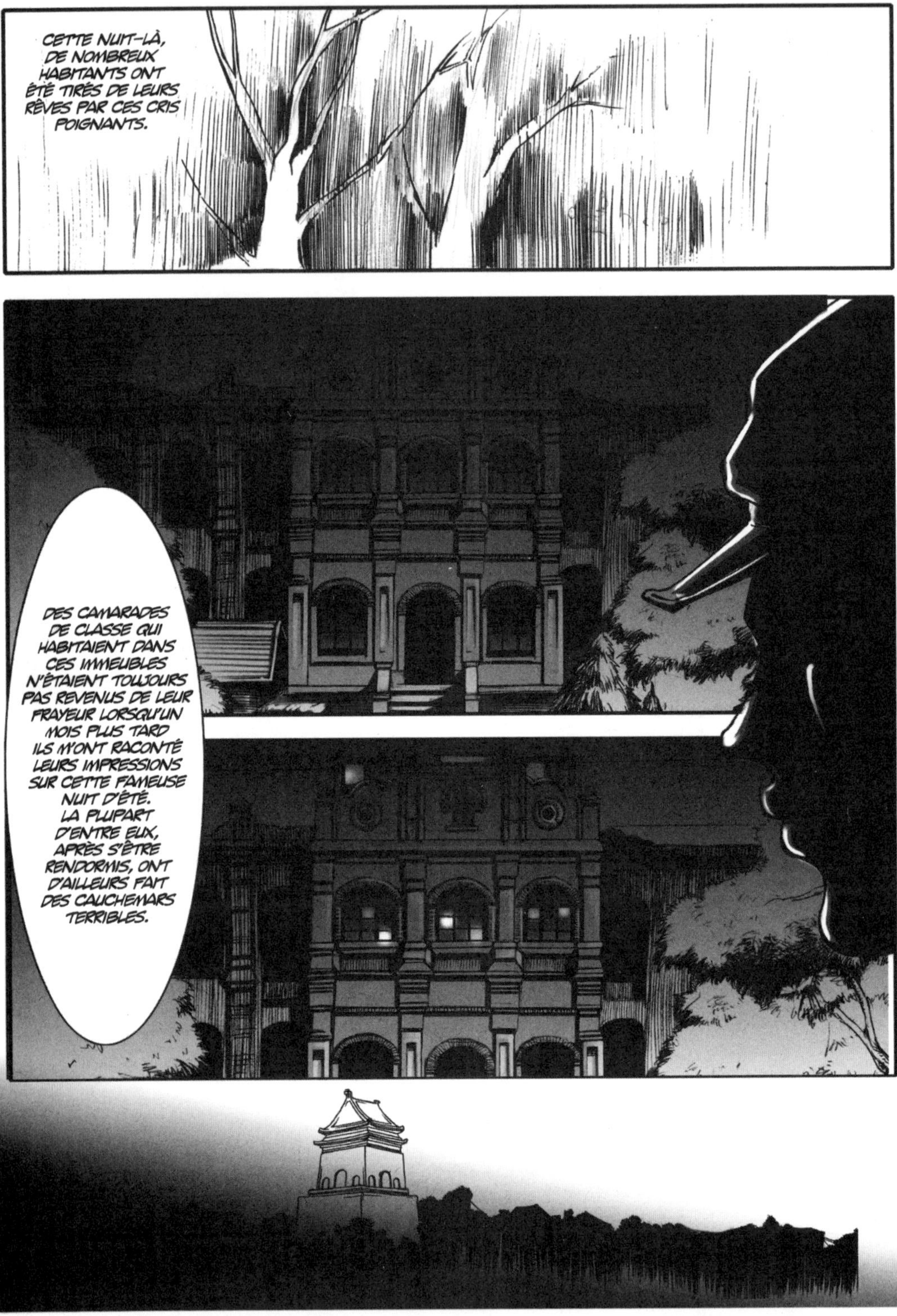
CETTE NUIT-LÀ, DE NOMBREUX HABITANTS ONT ÉTÉ TIRÉS DE LEURS RÊVES PAR CES CRIS POIGNANTS.
DES CAMARADES DE CLASSE QUI HABITAIENT DANS CES IMMEUBLES N'ÉTAIENT TOUJOURS PAS REVENUS DE LEUR FRAYEUR LORSQU'UN MOIS PLUS TARD ILS M'ONT RACONTÉ LEURS IMPRESSIONS SUR CETTE FAMEUSE NUIT D'ÉTÉ. LA PLUPART D'ENTRE EUX, APRÈS S'ÊTRE RENDORMIS, ONT D'AILLEURS FAIT DES CAUCHEMARS TERRIBLES.

ENSUITE, J'IMAGINE QUE MI LAN A ENTENDU LES HURLEMENTS : LA LUMIÈRE DE SA CHAMBRE S'EST ALLUMÉE TOUT D'UN COUP. IL VA SANS DIRE QUE CETTE SEULE FENÊTRE ÉCLAIRÉE PARMI TOUS LES IMMEUBLES NOIRS COMME DES FOURS A FOURNI À UN GAO PU TÂTONNANT DANS SES RECHERCHES, UNE PISTE CLAIRE ET PRÉCISE.
ACCROUPI, IL S'EST MIS À HURLER DE PLUS EN PLUS FORT SOUS CETTE FENÊTRE ALLUMÉE, COMME UN MATOU EN RUT.

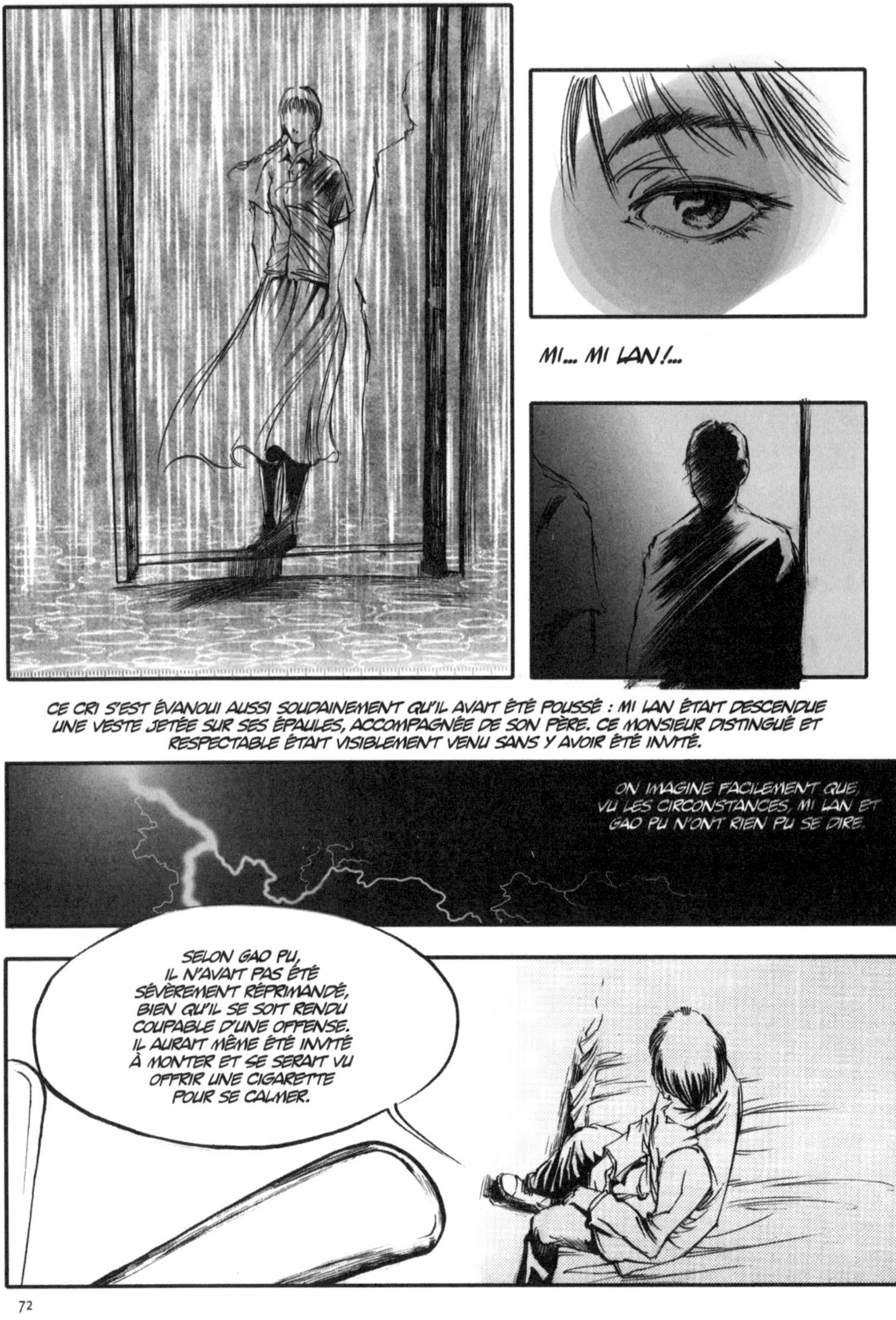
MI... MI LAN !...
CE CRI S'EST ÉVANOUI AUSSI SOUDAINEMENT QU'IL AVAIT ÉTÉ POUSSÉ : MI LAN ÉTAIT DESCENDUE UNE VESTE JETÉE SUR SES ÉPAULES, ACCOMPAGNÉE DE SON PÈRE. CE MONSIEUR DISTINGUÉ ET RESPECTABLE ÉTAIT VISIBLEMENT VENU SANS Y AVOIR ÉTÉ INVITÉ.
ON IMAGINE FACILEMENT QUE, VU LES CIRCONSTANCES, MI LAN ET GAO PU N'ONT RIEN PU SE DIRE.
SELON GAO PU, IL N'AVAIT PAS ÉTÉ SÉVÈREMENT RÉPRIMANDÉ, BIEN QU'IL SE SOIT RENDU COUPABLE D'UNE OFFENSE. IL AURAIT MÊME ÉTÉ INVITÉ À MONTER ET SE SERAIT VU OFFRIR UNE CIGARETTE POUR SE CALMER.

IL PARAÎT QUE C'ÉTAIT UNE CIGARETTE AVEC FILTRE DE MARQUE «ZHONGHUA*».
* NDT : ZHONGHUA SIGNIFIE CHINE. IL S'AGIT DE LA MARQUE DE CIGARETTES LA PLUS CHÈRE.
...
JE NE SAIS PAS SI GAO PU S'EST EXCUSÉ, TOUJOURS EST-IL QU'IL EST TRÈS RAPIDEMENT SORTI DE SON ÉTAT ÉTHYLIQUE ET QU'IL EST REDEVENU CALME, VOIR UN PEU ABATTU. IL DEVAIT CERTAINEMENT SE SENTIR MAL.
PUIS, IL A ÉTEINT SA CIGARETTE ET EST PARTI SANS RIEN DIRE.

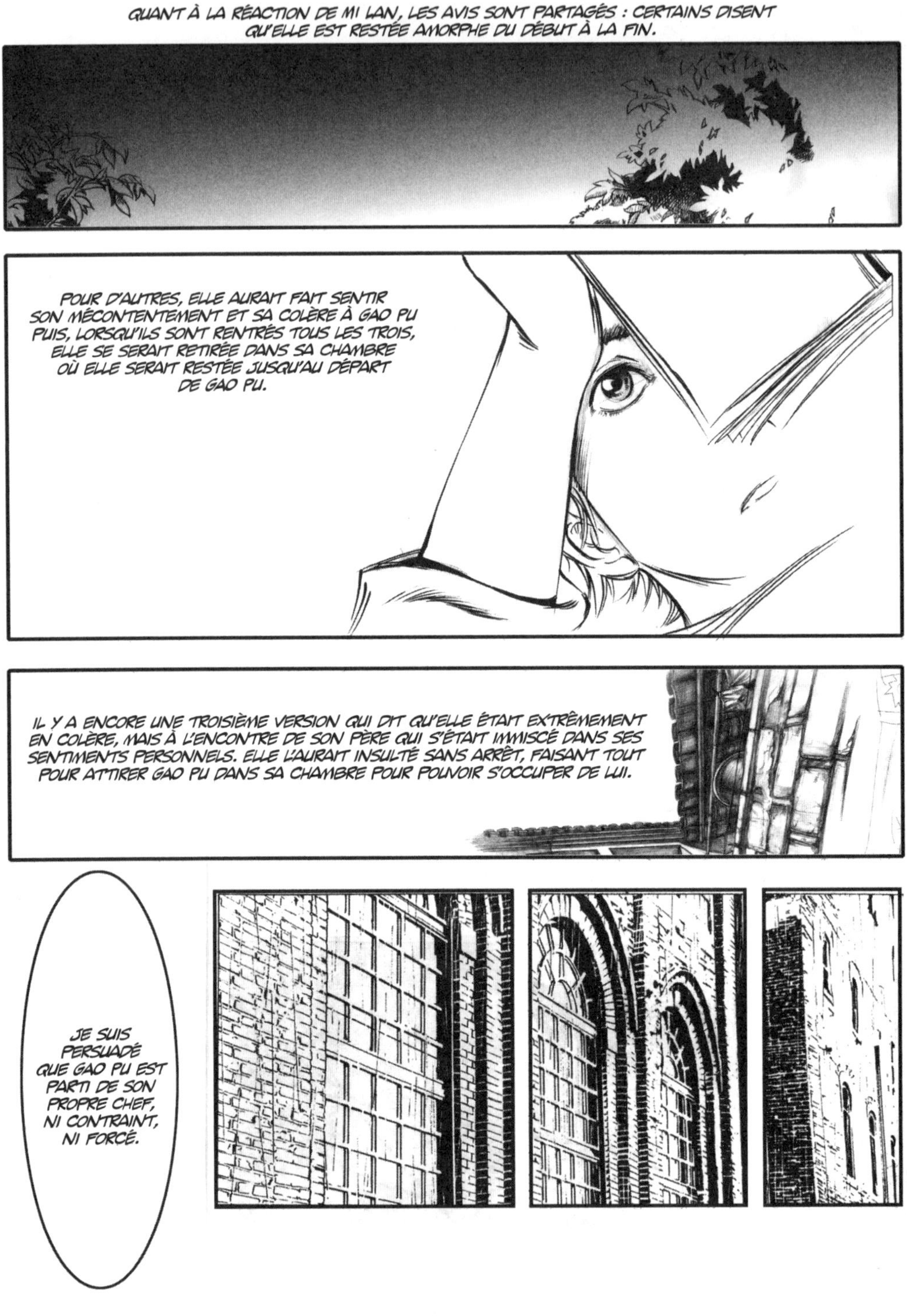
QUANT À LA RÉACTION DE MI LAN, LES AVIS SONT PARTAGÉS : CERTAINS DISENT QU'ELLE EST RESTÉE AMORPHE DU DÉBUT À LA FIN.
POUR D'AUTRES, ELLE AURAIT FAIT SENTIR SON MÉCONTENTEMENT ET SA COLÈRE À GAO PU PUIS, LORSQU'ILS SONT RENTRÉS TOUS LES TROIS, ELLE SE SERAIT RETIRÉE DANS SA CHAMBRE OÙ ELLE SERAIT RESTÉE JUSQU'AU DÉPART DE GAO PU.
IL Y A ENCORE UNE TROISIÈME VERSION QUI DIT QU'ELLE ÉTAIT EXTRÊMEMENT EN COLÈRE, MAIS À L'ENCONTRE DE SON PÈRE QUI S'ÉTAIT IMMISCÉ DANS SES SENTIMENTS PERSONNELS. ELLE L'AURAIT INSULTÉ SANS ARRÊT, FAISANT TOUT POUR ATTIRER GAO PU DANS SA CHAMBRE POUR POUVOIR S'OCCUPER DE LUI.
JE SUIS PERSUADÉ QUE GAO PU EST PARTI DE SON PROPRE CHEF, NI CONTRAINT, NI FORCÉ.

IL EST IMPOSSIBLE DE SAVOIR QUELLE EST LA VRAIE VERSION, CHACUNE D'ELLES DISPOSANT DE TÉMOINS ET DE DÉTAILS DIFFICILES À INVENTER. POUR MA PART, JE PRIVILÉGIE LA TROISIÈME, SANS AUCUNE PREUVE TANGIBLE MAIS PARCE QUE J'IMAGINE TRÈS BIEN MI LAN EN COLÈRE, UNE VESTE SUR LES ÉPAULES, DEBOUT DANS UN COIN DE LA PIÈCE, PENDANT QUE SON PÈRE EST ASSIS EN FACE DE GAO PU.

UN JOUR, EN PASSANT DEVANT LA MAISON DE LA FILLE À LA PHOTO,
JE N'AI PAS PU M'EMPÊCHER D'ENTRER UNE NOUVELLE FOIS...
SANS RÉSULTAT.

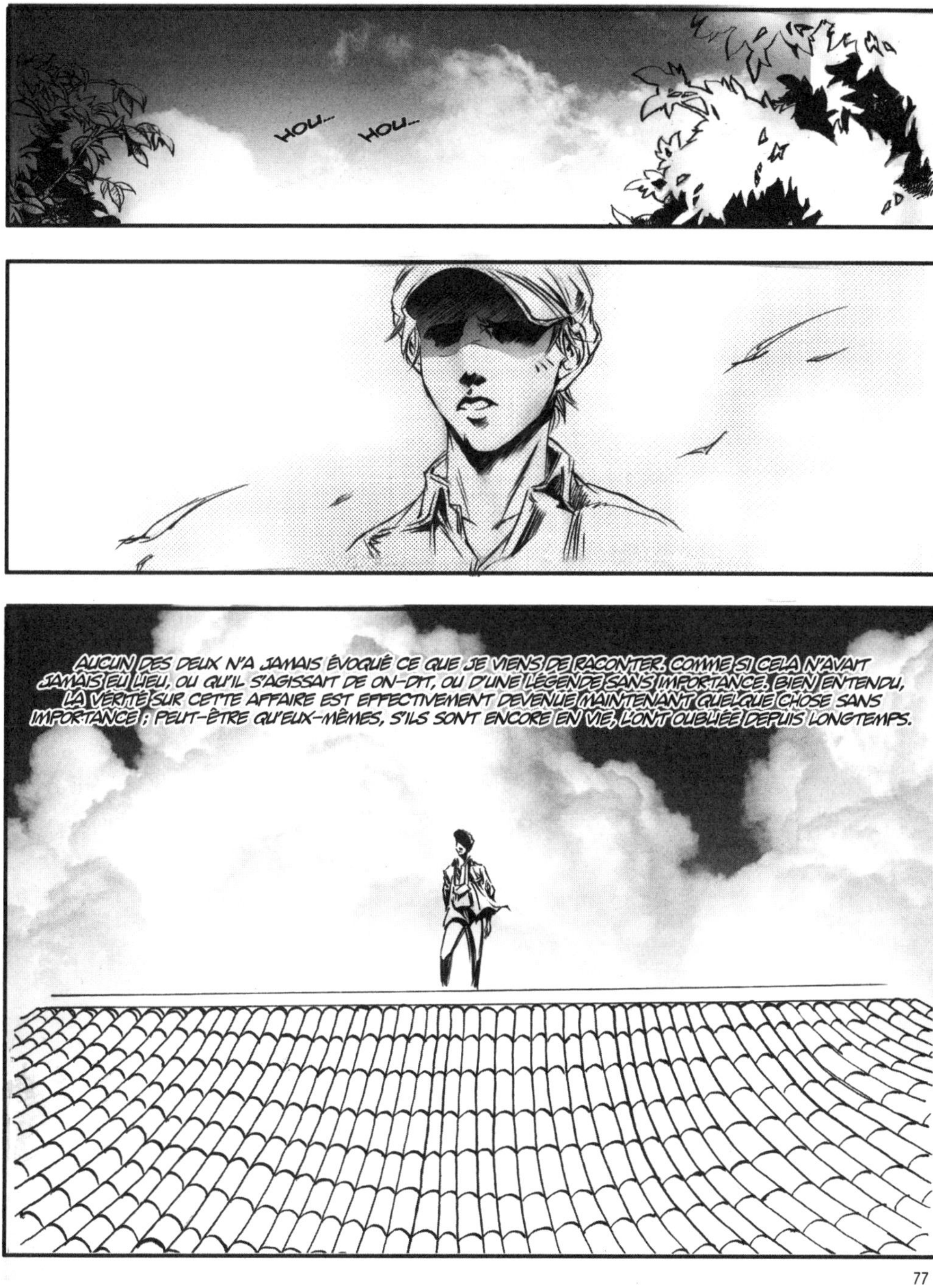
HOU... HOU...
AUCUN DES DEUX N'A JAMAIS ÉVOQUÉ CE QUE JE VIENS DE RACONTER. COMME SI CELA N'AVAIT JAMAIS EU LIEU, OU QU'IL S'AGISSAIT DE ON-DIT, OU D'UNE LÉGENDE SANS IMPORTANCE. BIEN ENTENDU, LA VÉRITÉ SUR CETTE AFFAIRE EST EFFECTIVEMENT DEVENUE MAINTENANT QUELQUE CHOSE SANS IMPORTANCE ; PEUT-ÊTRE QU'EUX-MÊMES, S'ILS SONT ENCORE EN VIE, L'ONT OUBLIÉE DEPUIS LONGTEMPS.

JE N'AI PLUS JAMAIS QUITTÉ CETTE VILLE, LA CONSIDÉRANT COMME MON PAYS NATAL.
SI J'ÉTAIS MI LAN ET S'IL FALLAIT QUE JE CHOISISSE, J'AURAIS SÛREMENT CHOISI GAO PU.
DANS UNE AUTRE ÉPOQUE, IL AURAIT PU DEVENIR UNE STAR DE CINÉMA, RESPECTÉ DES FEMMES TOUT EN LEUR FAISANT UN PETIT PEU PEUR. DE NOS JOURS, IL EST TOUT SIMPLEMENT DEVENU UN RICHE ENTREPRENEUR PRIVÉ PARMI TANT D'AUTRES.
À CETTE ÉPOQUE, IL ÉTAIT VRAIMENT CELUI DE LA BANDE QUI SORTAIT DU LOT. C'ÉTAIT LE PLUS GRAND, BEAU COMME UN MÉTIS, ET IL AVAIT UNE EXPÉRIENCE SORTANT DE L'ORDINAIRE. CETTE EXPÉRIENCE LUI AVAIT PERMIS DE SE FORGER UN CARACTÈRE ATTACHANT À LA FOIS FRANC, CRUEL ET INGÉNU.

MI LAN ?! DEPUIS QUAND T'ES LÀ ?
CRAC !
TIENS, VOILÀ XIAOJUN.
AH, AH, TE VOILA ! TU TOMBES BIEN. VIENS TRANCHER NOTRE DIFFÉRENT : GAO PU ET GAO YANG N'ARRÊTENT PAS DE ME BRIMER.
QUAND MI LAN VENAIT DANS NOTRE CAMPUS, ELLE NE PASSAIT PLUS ME VOIR EN PREMIER, ELLE ALLAIT DIRECTEMENT CHEZ GAO PU. PARFOIS, JE NE SAVAIS MÊME PAS QU'ELLE ÉTAIT LÀ ET CE N'EST QUE PAR HASARD, EN ME RENDANT CHEZ GAO PU, QUE JE CONSTATAIS QU'ELLE ÉTAIT LÀ DEPUIS LONGTEMPS.
ARRÊTE MI LAN, NE DIS PAS DE BÊTISES ! ON T'A RIEN FAIT !

HA, HA, HA!
HÉ, HÉ, HÉ!
J'ÉTAIS QUASIMENT LAISSÉ DE CÔTÉ.
EN FAIT, ON POURRAIT CHANGER DE MÉTHODE...
...COMME ÇA.
......

HEU, HEU... TRÈS BIEN.
HÉ, VOUS N'ÊTES PAS LES SEULS À DÉCIDER! XIAOJUN, QUE PENSES-TU D'ALLER À L'HÔTEL XINQIAO?
À VOIR, J'AI TOUJOURS DIT QUE C'ÉTAIT UNE BONNE IDÉE.
QUOI? DEPUIS QUAND C'EST TON IDÉE? DEPUIS QUAND T'ES DEVENU VANTARD?
C'EST QUE MAINTENANT QUE TU T'EN RENDS COMPTE?
HA, HA!
SI J'AVAIS SU PLUS TÔT...
T'AURAIS FAIT QUOI?

ILS ÉTAIENT TOUS PRÉVENANTS AVEC MOI. LORSQUE J'ÉTAIS PRÉSENT, GAO PU NE PARLAIT PAS BEAUCOUP À MI LAN ET ESSAYAIT SUBTILEMENT DE METTRE LA CONVERSATION SUR UN TERRAIN FAVORABLE POUR MOI, DE FAÇON À CE QUE JE PARTICIPE.
MI LAN ÉGALEMENT M'ACCORDAIT UN TRAITEMENT DE FAVEUR. DÈS QU'ELLE ME VOYAIT ARRIVER CHEZ GAO PU, ET ALORS QU'ELLE ÉTAIT EN TRAIN DE BAVARDER AVEC LUI, ELLE ME FAISAIT FÊTE.
ELLE CONTINUAIT À M'AIMER BEAUCOUP, SON COMPORTEMENT RESTAIT CHALEUREUX. MÊME SON SOURIRE ÉTAIT RESTÉ SUCRÉ.

LORSQUE NOUS ÉTIONS EN DÉSACCORD GAO PU ET MOI, ELLE SE RANGEAIT AUTOMATIQUEMENT DE MON CÔTÉ ET OBLIGEAIT GAO PU À ME CÉDER.
AH! ENCORE POUR MA XIAOJUN.
EST-CE QUE...
GAO PU AUSSI POUVAIT DONC SE FAIRE DIRIGER PAR UNE FILLE ?
ALLEZ!
MÊME SI GAO PU SE PLAIGNAIT, RONCHONNAIT ET NE LUI PARLAIT PAS, IL LAISSAIT FAIRE. D'AILLEURS, IL NE S'EST JAMAIS VRAIMENT FÂCHÉ. SON CARACTÈRE S'ÉTAIT RADOUCI, MÊME LORSQUE PARFOIS WANG RUOHAI LE CHERCHAIT, IL LE LAISSAIT DIRE EN SOURIANT.

HÔTEL XINQIAO
ALORS MI LAN? JE TE L'AVAIS BIEN DIT QU'ON MANGEAIT BIEN ICI.
OUAIS, PAS MAL.
JE FINIS MON VERRE ET ON Y VA.
EH, C'EST PAS MI LAN LÀ-BAS?
MI LAN?
MI LAN!
UN DES MECS ATTABLÉ À UNE PLACE PRÈS DE LA FENÊTRE APPELAIT MI LAN ET LUI FAISAIT SIGNE DE VENIR. C'ÉTAIT UN CÉLÈBRE CAÏD, UN VOYOU DE PREMIER ORDRE, ATTABLÉ AVEC UNE BANDE DU MÊME ACABIT.

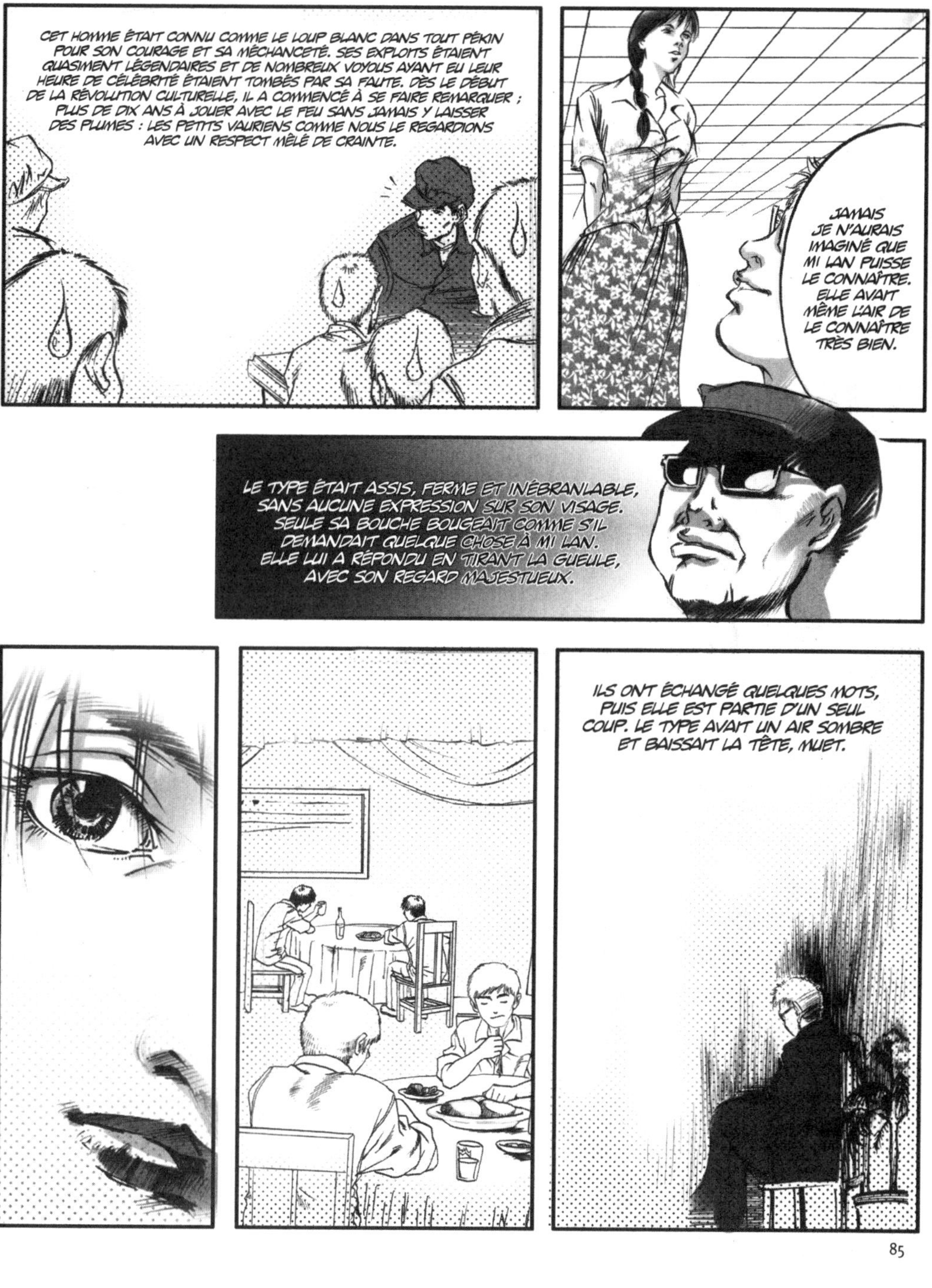
CET HOMME ÉTAIT CONNU COMME LE LOUP BLANC DANS TOUT PÉKIN POUR SON COURAGE ET SA MÉCHANCETÉ. SES EXPLOITS ÉTAIENT QUASIMENT LÉGENDAIRES ET DE NOMBREUX VOYOUS AYANT EU LEUR HEURE DE CÉLÉBRITÉ ÉTAIENT TOMBÉS PAR SA FAUTE. DÈS LE DÉBUT DE LA RÉVOLUTION CULTURELLE, IL A COMMENCÉ À SE FAIRE REMARQUER ; PLUS DE DIX ANS À JOUER AVEC LE FEU SANS JAMAIS Y LAISSER DES PLUMES : LES PETITS VAURIENS COMME NOUS LE REGARDIONS AVEC UN RESPECT MÊLÉ DE CRAINTE.
JAMAIS JE N'AURAIS IMAGINÉ QUE MI LAN PUISSE LE CONNAÎTRE. ELLE AVAIT MÊME L'AIR DE LE CONNAÎTRE TRÈS BIEN.
LE TYPE ÉTAIT ASSIS, FERME ET INÉBRANLABLE, SANS AUCUNE EXPRESSION SUR SON VISAGE. SEULE SA BOUCHE BOUGEAIT COMME S'IL DEMANDAIT QUELQUE CHOSE À MI LAN. ELLE LUI A RÉPONDU EN TIRANT LA GUEULE, AVEC SON REGARD MAJESTUEUX.
ILS ONT ÉCHANGÉ QUELQUES MOTS, PUIS ELLE EST PARTIE D'UN SEUL COUP. LE TYPE AVAIT UN AIR SOMBRE ET BAISSAIT LA TÊTE, MUET.

TOI, APPROCHE.
NOUS NOUS SOMMES LEVÉS COMME UN SEUL HOMME, LE CŒUR BATTANT.
GAO PU, IL T'APPELLE !
GAO PU, NE LUI RÉPONDS PAS !
PETIT, RAMÈNE-TOI.

GAO PU ÉTAIT AUSSI TRÈS CALME. SEULS SES YEUX BRILLANTS LAISSAIENT DEVINER QU'IL N'ÉTAIT PAS AUSSI TRANQUILLE QU'IL LE SEMBLAIT.

PLUS TARD, J'AI RETROUVÉ CE REGARD DANS LES WESTERNS, LORSQUE LE COW-BOY EST ASSIS SILENCIEUX DANS UN SALOON, SON PISTOLET À LA CEINTURE.

IL S'EST APPROCHÉ DE LEUR TABLE, COMME TIRÉ PAR UN FIL INVISIBLE. NOUS L'AVONS SUIVI. À CHAQUE INSTANT, LA SITUATION RISQUAIT D'EXPLOSER. IL SUFFISAIT D'UN REGARD POUR METTRE LE FEU AUX POUDRES ET PROVOQUER UNE BAGARRE GIGANTESQUE.
NOUS AVIONS AUTOUR DU COU NOS SACS MILITAIRES REMPLIS D'ARMES. LES BRIDES ÉTAIENT RÉGLÉES AU PLUS COURT, DE FAÇON À CE QUE LE SAC SOIT JUSTE SUR LE POITRINE POUR POUVOIR SORTIR NOS ARMES EN UN ÉCLAIR.
C'EST TOI GAO PU ?

OUI!
MI LAN, ELLE EST AVEC TOI?
OUI!
...
COMMENT? VOUS NE VOUS CONNAISSEZ PAS ENCORE? JE VAIS VOUS PRÉSENTER...

BARRE-TOI ! C'EST PAS TES AFFAIRES.
...
C'EST RIEN, SIMPLE CURIOSITÉ.
SI Y'A RIEN, ON S'EN VA.
HUM... À PLUS.

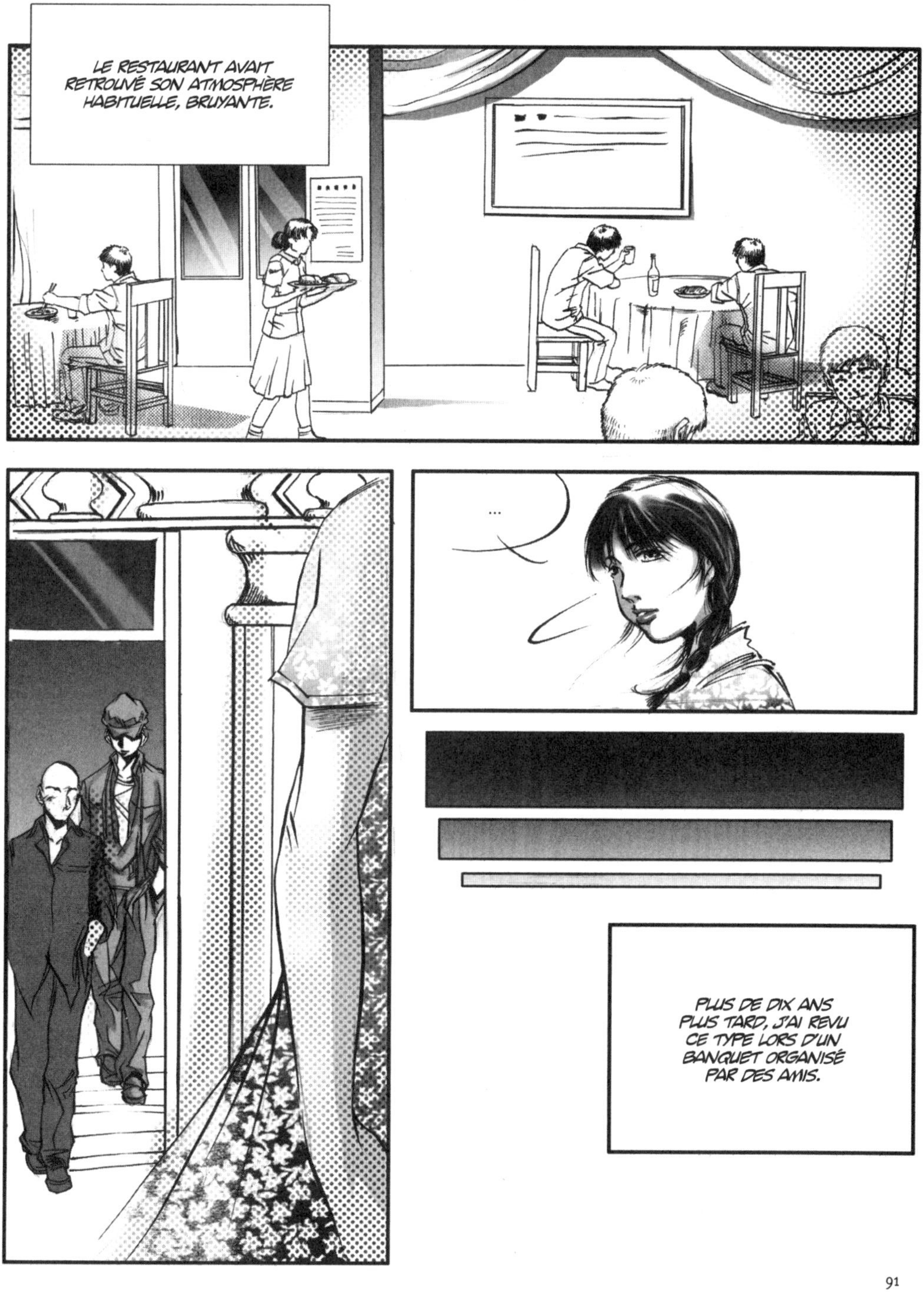
LE RESTAURANT AVAIT RETROUVÉ SON ATMOSPHÈRE HABITUELLE, BRUYANTE.
...
PLUS DE DIX ANS PLUS TARD, J'AI REVU CE TYPE LORS D'UN BANQUET ORGANISÉ PAR DES AMIS.

IL ÉTAIT ALORS VICE-PRÉSIDENT D'UNE GRANDE ENTREPRISE D'ÉTAT. IL ÉTAIT DEVENU TROIS FOIS PLUS GROS, PORTAIT DES LUNETTES NOIRES ET UN COSTUME CHIC IMPECCABLE. PENDANT TOUT LE REPAS, IL N'A PAS ARRÊTÉ DE PARLER, DE RIGOLER ; UN DRÔLE DE TYPE IMPOSANT, QUI PLAISANTAIT MÊME AVEC LES SERVEUSES.
IL NE SE SOUVENAIT ABSOLUMENT PAS DE LA COURTE SCÈNE DONT JE LUI AI PARLÉ. IL M'A DIT AVOIR VÉCU TROP DE SCÈNES SIMILAIRES. JE LUI AI DEMANDÉ POUR MI LAN MAIS, IL N'A PAS RÉPONDU ; IL A CHANGÉ DE SUJET DE CONVERSATION.
UNE STAR, UNE BRUTE DE LÉGENDE, MAIS ÇA NE ME FAIT PAS PEUR. S'IL ME CHERCHE ENCORE, JE LE FRAPPE.
ET IL VERRA DE QUOI SONT CAPABLES LES PETITS MERDEUX DE 16-17 ANS.

SANS POUVOIR SE RETENIR,
ELLE TOMBA DANS LA PISCINE, TÊTE LA PREMIÈRE

ET, INSTANTANÉMENT, DISPARUT SOUS L'EAU.

SA LONGUE CHEVELURE FLOTTANT AU HASARD À LA SURFACE
DE L'EAU, COMME UNE HERBE AQUATIQUE.

8 - LA PISCINE EN ÉTÉ

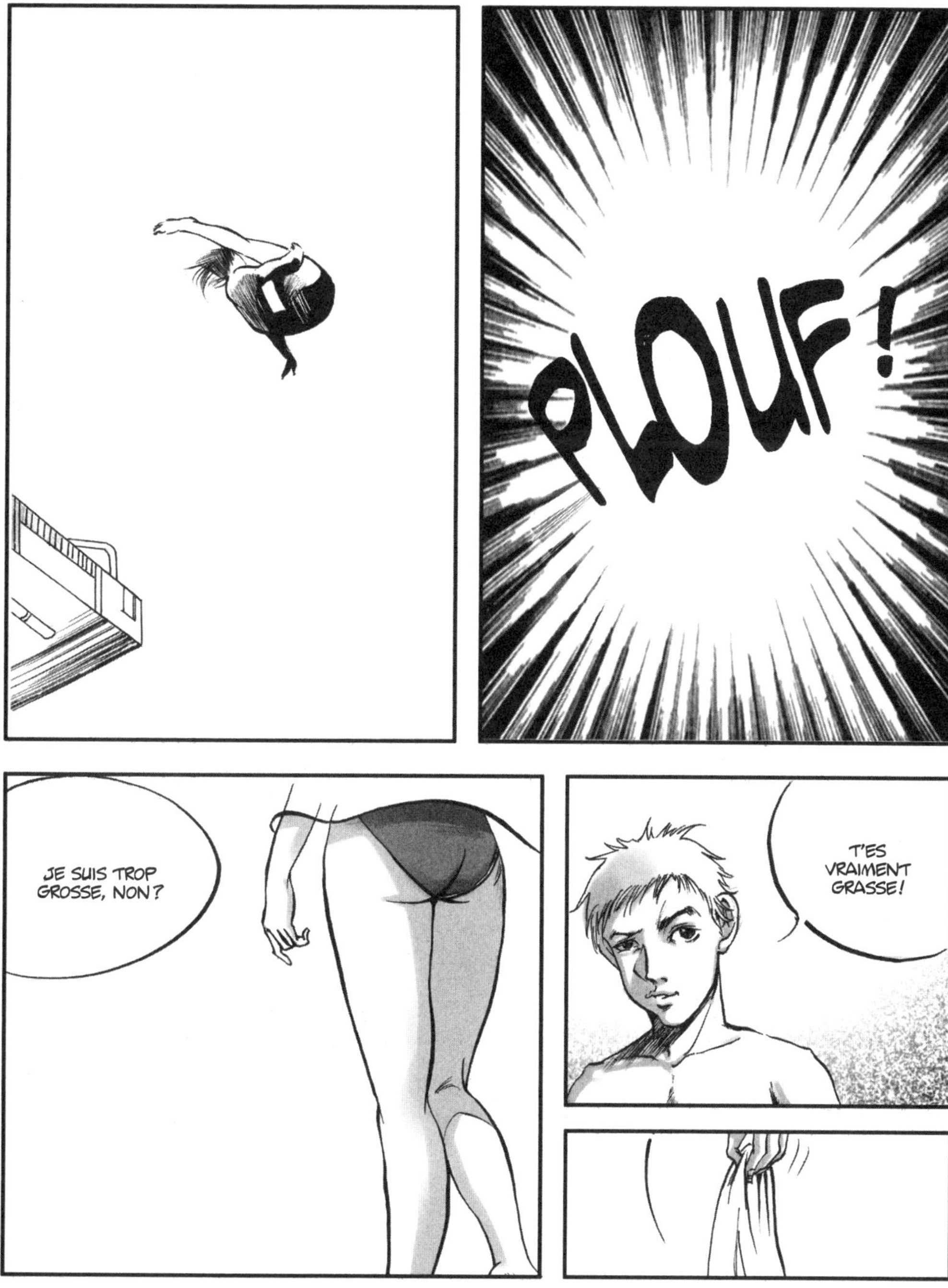
PLOUF !
JE SUIS TROP GROSSE, NON ?
T'ES VRAIMENT GRASSE !

PISCINE

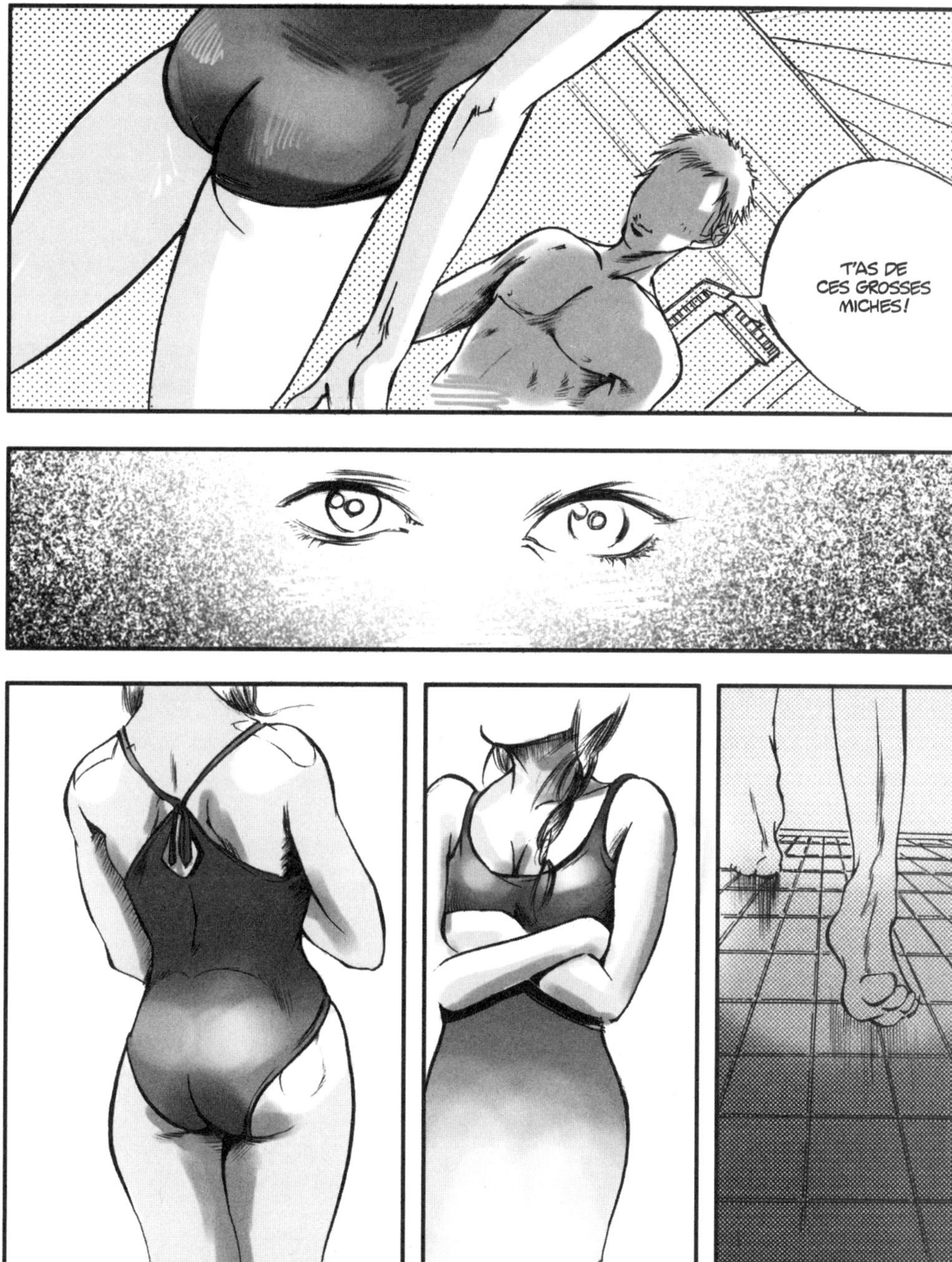
T'AS DE
CES GROSSES
MICHES !

TU DIS QUE J'AI DES GROSSES FESSES?
HEU...
PEUT-ÊTRE UN PEU TROP... JE SUIS JOLIE AVEC CE MAILLOT DE BAIN? IL N'EST PAS TROP ÉCHANCRÉ?
Y'A PAS QUE TES FESSES. REGARDE TON BIDE, REGARDE TES BRAS.
ELLE PORTAIT, CE QUI ÉTAIT RARE POUR L'ÉPOQUE, UN MAILLOT DE BAIN ROUGE EN GOUTTE D'EAU QUI RÉVÉLAIT SES FORMES. ELLE ÉTAIT CHARMANTE AINSI, MAIS JE LUI AI RÉPONDU :

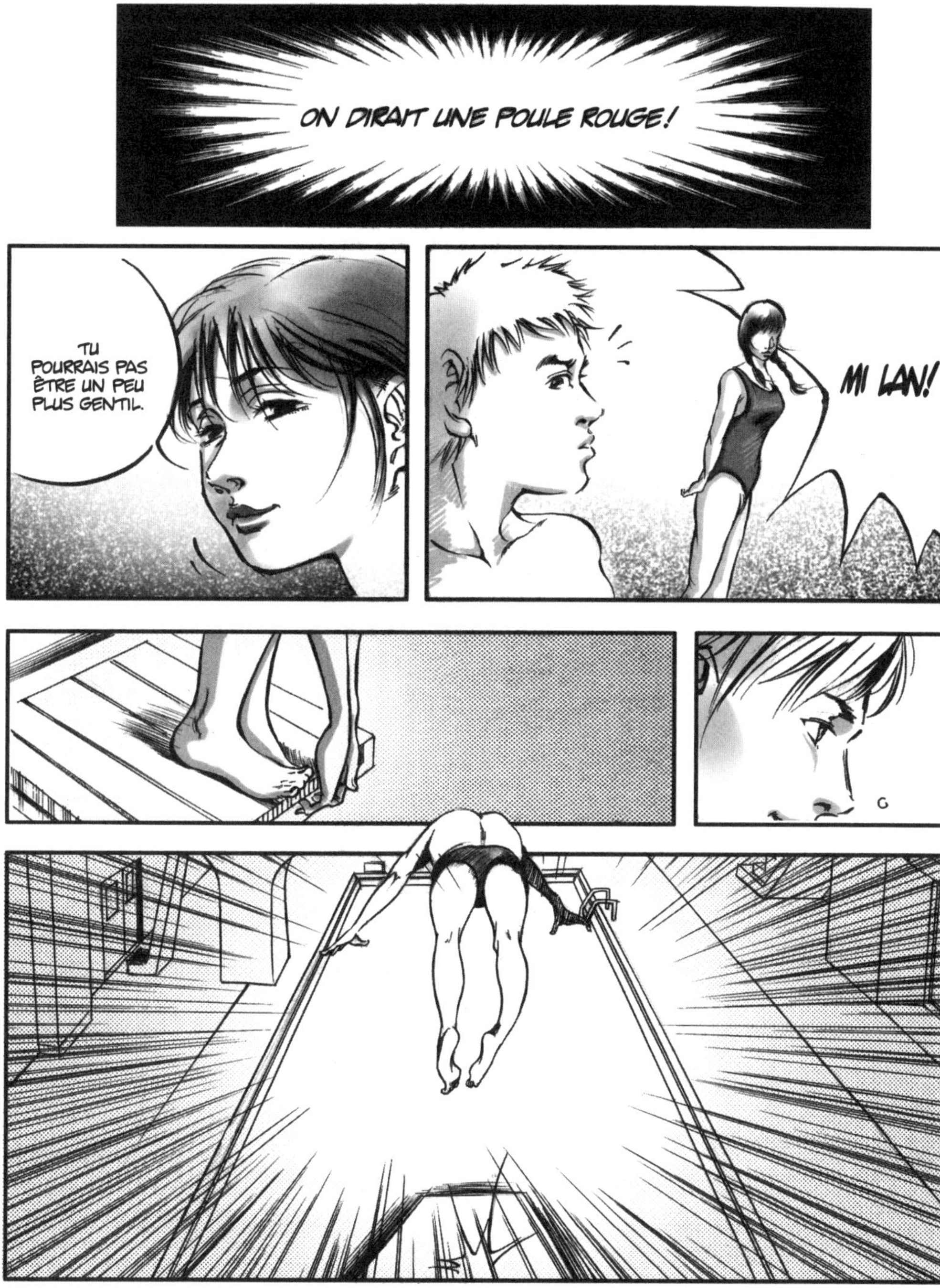

ON DIRAIT UNE POULE ROUGE!
TU POURRAIS PAS ÊTRE UN PEU PLUS GENTIL.
MI LAN!

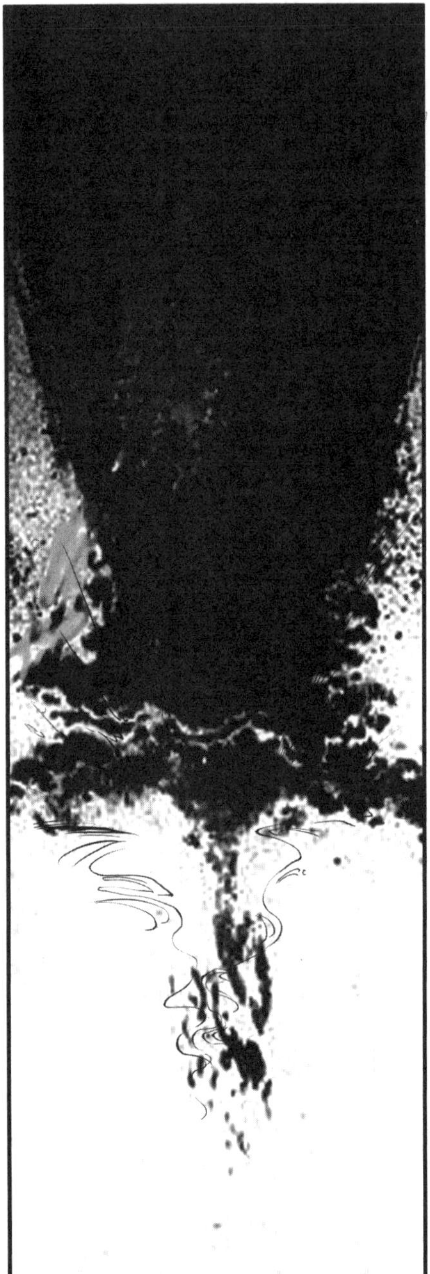

ILS SONT PARTIS TOUS LES DEUX EN RIANT, EN DIRECTION DE LA PISCINE. DE DOS, ILS AVAIENT À PEU PRÈS LA MÊME TAILLE ; L'UN AVEC DE LARGES ÉPAULES ET UNE TAILLE FINE, L'AUTRE D'ALLURE PLUS ÉPANOUIE ET PLUS GÉNÉREUSE. ILS ALLAIENT BIEN ENSEMBLE, COMME LES COUPLES SUR LES PUBS.

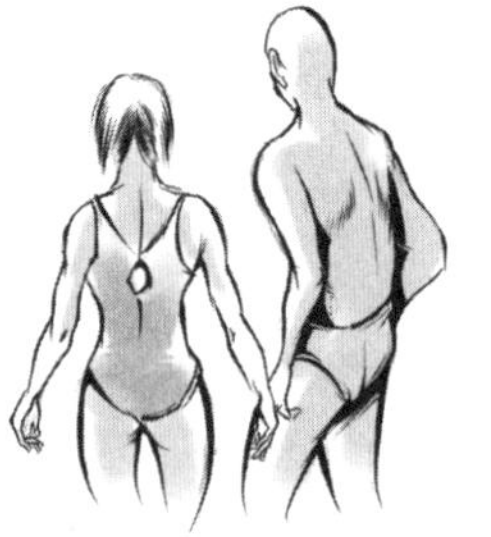

XIAOJUN, QU'EST-CE QU'ON FAIT?
REGARDE MI LAN.
JE LUI AI LANCÉ UN REGARD EMPOISONNÉ. JE NE SAIS PAS SI C'ÉTAIT LA FAUTE DU MAILLOT DE BAIN OU DE SES FORMES GÉNÉREUSES, TOUJOURS EST-IL QUE SON MAILLOT LA SERRAIT ET LUI RENTRAIT DANS LA RAIE DES FESSES TOUT COMME UNE GYMNASTE APRÈS UN SAUT PÉRILLEUX. EN PLUS, DE CHAQUE CÔTÉ, ON AURAIT DIT LES JOUES D'UN BÉBÉ.
QU'EST-CE QU'ELLE EST MOCHE...
COMME SI ELLE AVAIT DÉJÀ EU DES ENFANTS.
HA, HA! XIAOJUN, T'ES VRAIMENT MÉCHANT.

C'EST VISIBLE DÈS QU'ELLE SE DÉSHABILLE.
HA, HA.
XIAOJUN, À L'EAU.
VIENS!
JE VENAIS JUSTE D'APPRENDRE À NAGER. JE NE SAVAIS FAIRE QUE LA BRASSE ET ENCORE, PAS TRÈS BIEN. JE NE SAVAIS PAS RESPIRER DANS L'EAU, ALORS JE FAISAIS COMME LES OIES : JE NAGEAIS AVEC LE COU HORS DE L'EAU.
3
IL Y AVAIT ÉNORMÉMENT DE MONDE DANS LA PISCINE. JE DEVAIS M'ARRÊTER SOUVENT POUR LAISSER PASSER D'AUTRES NAGEURS AVANT DE REPRENDRE MA NAGE DIFFICILE.

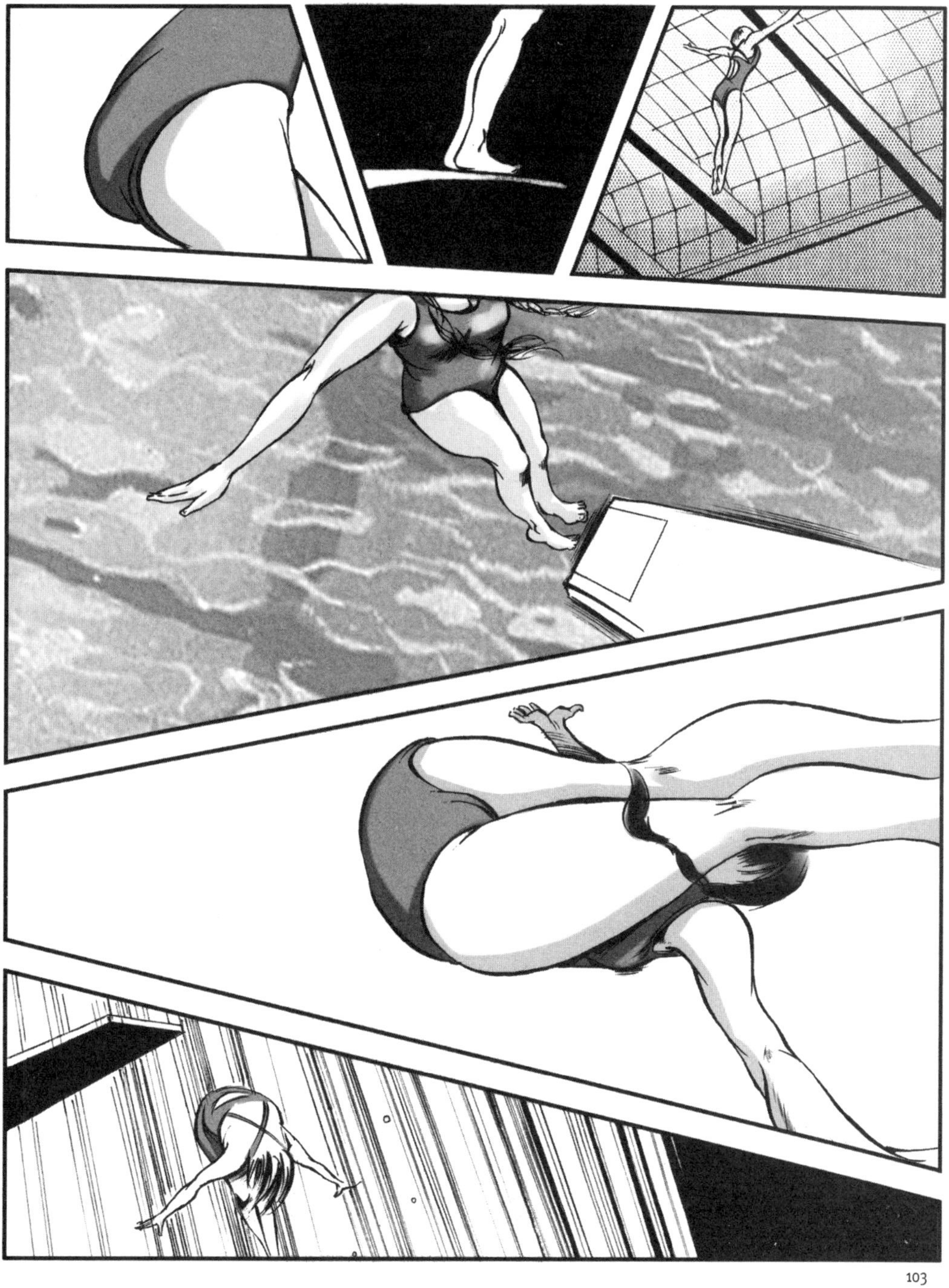

OUH!!
MI LAN ÉTAIT TREMPÉE. LE DERRIÈRE EN L'AIR, ELLE ESSAYAIT DE S'ASSEOIR SUR LE BORD DE LA PISCINE. SON MAILLOT MOUILLÉ ÉTAIT D'UN ROUGE ENCORE PLUS VIF.
CE N'EST QU'AVEC L'AIDE DE GAO PU QU'ELLE A RÉUSSI À S'ASSEOIR, LES CHEVEUX TREMPÉS, COLLÉS SUR LE VISAGE. LE SOUFFLE COURT, ELLE RIAIT... ELLE RIAIT À GORGE DÉPLOYÉE, SA BOUCHE SEMBLABLE À UN HAUT PARLEUR MÉGA PUISSANT.

MI LAN! REGARDE! GAO PU! GAO YANG!

ALLEZ GAO PU !
GAO YANG !
ALLEZ!
GAO PU ET GAO YANG S'ÉTAIENT PLACÉS SUR LES PLOTS AU BOUT DE LA PISCINE. APRÈS UN PLONGEON PARFAIT, ILS S'ÉTAIENT LANCÉS DANS UNE COURSE EN CRAWL, ÉCLABOUSSANT TOUT SUR LEUR PASSAGE.

ILS N'AVAIENT MÊME PAS REMARQUÉ MON ABSENCE, ET CELA ME DÉSOLAIT.
J'AI QUITTÉ LE BORD POUR NAGER VERS EUX. TOUTE UNE RANGÉE DE PERSONNES ASSISES AU BORD DE LA PISCINE SE TORDAIT LE COU POUR VOIR XU SUN ET FANG FANG FAIRE LES PITRES DANS L'EAU.

J'AI NAGÉ ENVIRON 10 LONGUEURS.
VRAIMENT?
TU NAGES PAS MAL, JE T'AI VU.
QUE DE L'HYPOCRISIE MAIS... JE LA CROIS.

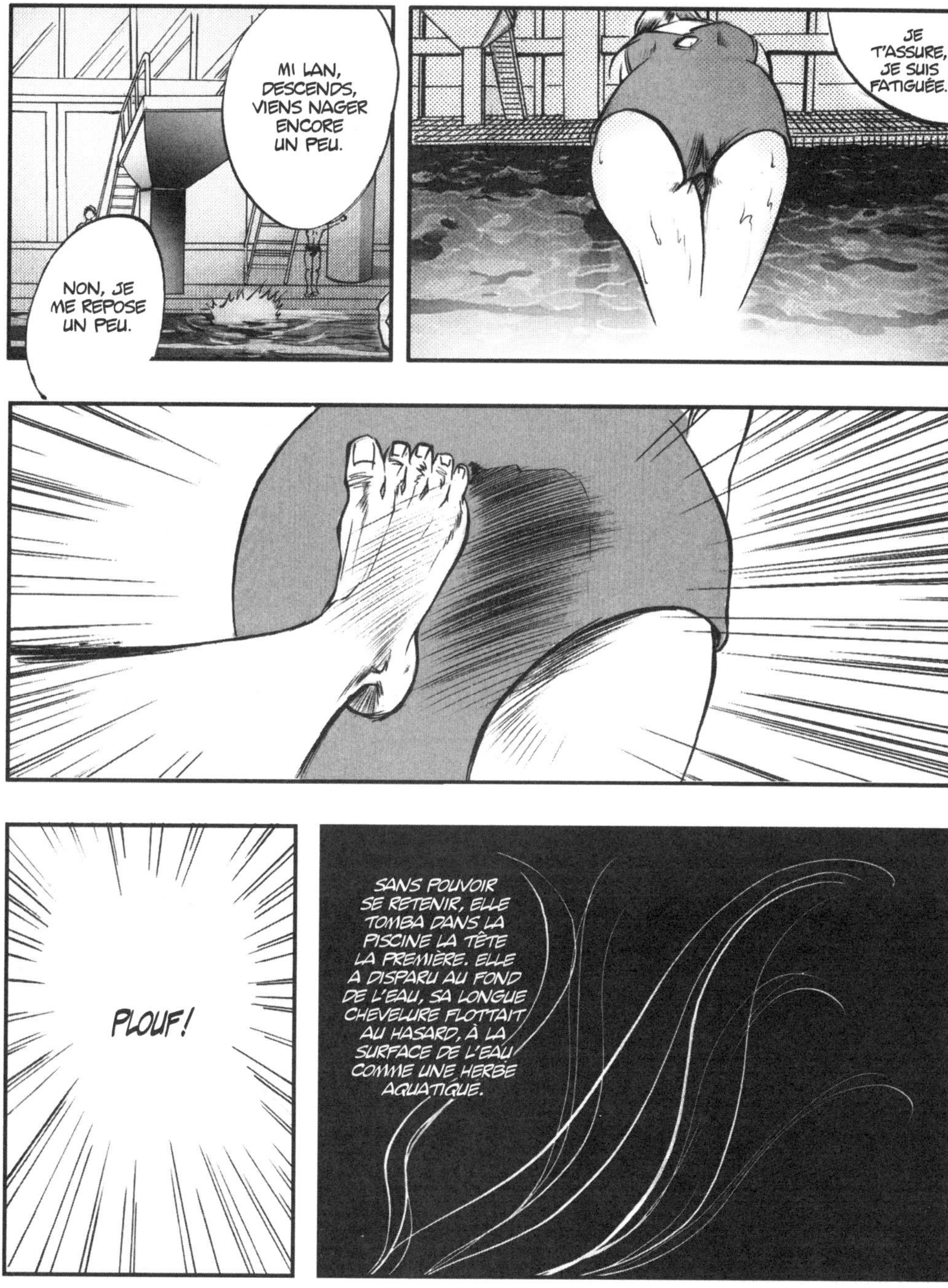
MI LAN, DESCENDS, VIENS NAGER ENCORE UN PEU.
NON, JE ME REPOSE UN PEU.
JE T'ASSURE, JE SUIS FATIGUÉE.
PLOUF!
SANS POUVOIR SE RETENIR, ELLE TOMBA DANS LA PISCINE LA TÊTE LA PREMIÈRE. ELLE A DISPARU AU FOND DE L'EAU, SA LONGUE CHEVELURE FLOTTAIT AU HASARD, À LA SURFACE DE L'EAU COMME UNE HERBE AQUATIQUE.

MA XIAOJUN !
TU N'ES QU'UN PETIT CON !
AH, AH!
AH, AH!
J'AI REGARDÉ D'UN AIR DÉGOUTTÉ SA FIGURE, SES LÈVRES TREMPÉES ET RIDÉES. ET, C'EST AVEC UN SOURIRE CRUEL QUE JE SUIS ALLÉ M'ASSEOIR À CÔTÉ DE WANG RUOHAI. GAO PU, TOUT EN SOURIANT, M'A JETÉ UN REGARD SURPRIS.

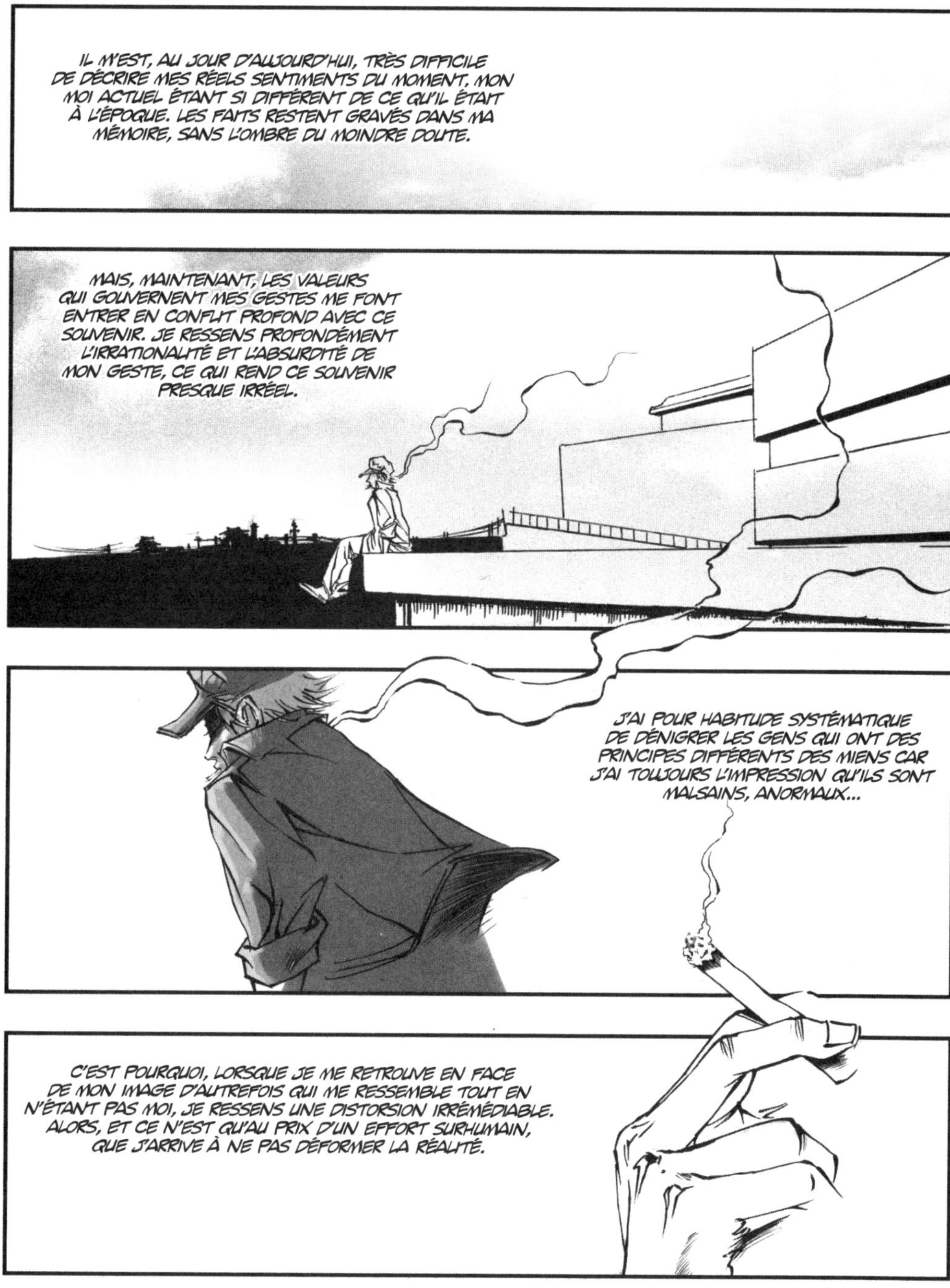
IL M'EST, AU JOUR D'AUJOURD'HUI, TRÈS DIFFICILE DE DÉCRIRE MES RÉELS SENTIMENTS DU MOMENT, MON MOI ACTUEL ÉTANT SI DIFFÉRENT DE CE QU'IL ÉTAIT À L'ÉPOQUE. LES FAITS RESTENT GRAVÉS DANS MA MÉMOIRE, SANS L'OMBRE DU MOINDRE DOUTE.
MAIS, MAINTENANT, LES VALEURS QUI GOUVERNENT MES GESTES ME FONT ENTRER EN CONFLIT PROFOND AVEC CE SOUVENIR. JE RESSENS PROFONDÉMENT L'IRRATIONALITÉ ET L'ABSURDITÉ DE MON GESTE, CE QUI REND CE SOUVENIR PRESQUE IRRÉEL.
J'AI POUR HABITUDE SYSTÉMATIQUE DE DÉNIGRER LES GENS QUI ONT DES PRINCIPES DIFFÉRENTS DES MIENS CAR J'AI TOUJOURS L'IMPRESSION QU'ILS SONT MALSAINS, ANORMAUX...
C'EST POURQUOI, LORSQUE JE ME RETROUVE EN FACE DE MON IMAGE D'AUTREFOIS QUI ME RESSEMBLE TOUT EN N'ÉTANT PAS MOI, JE RESSENS UNE DISTORSION IRRÉMÉDIABLE. ALORS, ET CE N'EST QU'AU PRIX D'UN EFFORT SURHUMAIN, QUE J'ARRIVE À NE PAS DÉFORMER LA RÉALITÉ.

JE PARLAIS À MI LAN DE MANIÈRE DE PLUS EN PLUS SARCASTIQUE, CE QUI LA METTAIT SOUVENT DANS UNE POSITION TRÈS EMBARRASSANTE. À MES YEUX, ELLE AVAIT PERDU TOUT L'ATTRAIT ET TOUT LE CHARME QUE J'AVAIS PU LUI TROUVER AU DÉBUT. JE ME SUIS APERÇU QU'ELLE AVAIT DES TACHES, DES RIDES, DES BOUTONS ET DES POILS ÉPAIS SUR LE VISAGE, UN RENFONCEMENT SUR SA TEMPE DE LA TAILLE D'UN MORCEAU DE RÉGLISSE, AINSI QU'UNE PETITE CICATRICE AU BORD DES LÈVRES.
SON FRONT ÉTAIT ÉTROIT ET BOSSELÉ, COMME CELUI D'UN CHIMPANZÉ ET AVEC SON MENTON ÉPAIS, CELA LUI FAISAIT UN VISAGE TRÈS COURT, COMME CELUI D'UN CHAT ; DE FACE, SON NEZ SEMBLAIT HAUT ET DROIT, MAIS DE PROFIL, IL ÉTAIT À MOITIÉ CACHÉ PAR SES POMMETTES DODUES. SI À TOUT CELA ON RAJOUTE SON MENTON EN GALOCHE ET SON FRONT PROÉMINENT, ELLE AVAIT VRAIMENT UNE FIGURE EN FORME DE CROISSANT DE LUNE.

JE RECONNAIS QUE JE NE SUIS PEUT-ÊTRE PAS TRÈS OBJECTIF, J'AI D'AILLEURS ESSAYÉ DE LA REGARDER SANS ARRIÈRE-PENSÉE. POURTANT, PLUS JE L'OBSERVAIS ATTENTIVEMENT ET PLUS SES DÉFAUTS ET IMPERFECTIONS ME SAUTAIENT AUX YEUX.
BEURK!
JE POUVAIS MÊME SENTIR SON HALEINE MALODORANTE ET CHAUDE QUI SORTAIT DE SA BOUCHE SALE, AINSI QUE SON ODEUR DE TRANSPIRATION.

ENFIN, ELLE AVAIT VRAIMENT LA TAILLE TROP ÉPAISSE. HEUREUSEMENT QU'ELLE AVAIT UNE FORTE POITRINE, PLUS VOLUMINEUSE QUE SON VENTRE DE FEMME ENCEINTE DE TROIS MOIS.
EN OPPOSITION AVEC LE HAUT DE SON CORPS CORPULENT, SES JAMBES ÉTAIENT FINES COMME CELLES D'UN CHEVAL DE COURSE, SANS ÊTRE POUR AUTANT NI AUSSI LONGUES, NI AUSSI MUSCLÉES. ELLE AVAIT UNE DÉMARCHE EMPÊTRÉE ET LENTE, COMME CELLE DES FEMMES FORTES DANS LA FORCE DE L'ÂGE, DONT LES JAMBES DONNENT L'IMPRESSION D'AVOIR DU MAL À SUPPORTER LE POIDS DU CORPS.
IL Y AVAIT AUSSI SON RIRE. SI SON SOURIRE ÉTAIT AGRÉABLE, SON RIRE DÉGAGEAIT UN SON À LA FOIS AIGU, RAUQUE ET FAUX QUELQUE PART... COMME LE RIRE DES PUTES PLEINES D'ALCOOL ET DE CLOPES ! EN UN MOT, SON RIRE DONNAIT LA CHAIR DE POULE.
SES YEUX N'ÉTAIENT ABSOLUMENT PAS SAGES. IL N'Y AVAIT RIEN À REDIRE SUR LEUR APPARENCE EXTÉRIEURE MAIS, À L'INTÉRIEUR, ILS PÉTILLAIENT ET DÉBORDAIENT DE COQUETTERIE AFFECTÉE. BREF, C'ÉTAIT VRAIMENT IGNOBLE.

VRAIMENT ÉCOEURANT!
JE NE POUVAIS PLUS SUPPORTER CETTE FILLE LAIDE DE BAS ÉTAGE ET ELLE M'ACCEPTAIT DE MOINS EN MOINS. NON SEULEMENT JE LA CRITIQUAIS ET LUI FAISAIS DES COUPS DANS SON DOS, MAIS DE PLUS EN PLUS SOUVENT, JE L'ATTAQUAIS DIRECTEMENT DE FACE. JE ME MOQUAIS DE SES GOÛTS ET DE SON APPARENCE, MÊME DE SES PRÉFÉRENCES ALIMENTAIRES : ELLE N'AIMAIT QUE LES PLATS SANS GOÛT ET C'ÉTAIT DEVENU UN PRÉTEXTE POUR SE MOQUER D'ELLE.
LORSQU'ELLE MANGEAIT BEAUCOUP, JE LUI DISAIS :
T'AS VU TOUT CE QUE TU MANGES, UNE VRAIE TRUIE!
LORSQU'ELLE MANGEAIT PEU, JE LUI DISAIS :
TU NE MANGES QUE ÇA, TU EN FAIS DES MANIÈRES!

AVANT, QUOIQU'ON DISE, NOUS AVIONS TOUJOURS LE SOURIRE AUX LÈVRES. PUIS, NOS DISPUTES SONT DEVENUES DE PLUS EN PLUS SÉRIEUSES ET NOS VISAGES ONT ÉGALEMENT CHANGÉ ; NOUS RESTIONS ENCORE FÂCHÉS BIEN APRÈS LA FIN DE NOS DISPUTES ET NOUS NOUS JETIONS RÉCIPROQUEMENT DES REGARDS DÉDAIGNEUX.

JE PENSAIS BIEN PLUS À ELLE QU'AUPARAVANT. CHAQUE MATIN, À PEINE LES YEUX OUVERTS, MA PREMIÈRE PENSÉE ÉTAIT POUR ELLE. CHAQUE FOIS QUE NOUS NOUS SÉPARIONS, JE N'AVAIS ENVIE QUE DE RETOURNER IMMÉDIATEMENT LA VOIR POUR CONTINUER NOS DISPUTES. MA PLUS GRANDE JOIE DE LA JOURNÉE ÉTAIT DE L'INJURIER CRUELLEMENT ET DE LA MAUDIRE.

LORSQUE JE M'ENDORMAIS, SES PAROLES PLEINES DE POISON M'ACCOMPAGNAIENT DANS MES RÊVES.
MON CERVEAU NE POUVAIT ABSOLUMENT PLUS RIEN CONTENIR D'AUTRE. IL ÉTAIT REMPLI À RAS BORD D'OBSCÉNITÉS ET D'INJURES VÉNÉNEUSES ET, TOUTE LA NUIT, INLASSABLEMENT, MON CERVEAU ÉTAIT ASSAILLI PAR DES TERMES ET DES SCÈNES OBSCÈNES, PORNOGRAPHIQUES, INOUÏES ET MONSTRUEUSES. JE N'AI JAMAIS PLUS ÉTÉ AINSI DEPUIS.
JE PENSAIS QUE J'AVAIS COMPRIS LE TRUC OU QUE J'ÉTAIS TOUCHÉ PAR LA GRÂCE DIVINE. DES CARACTÈRES CHINOIS SANS INTÉRÊT ET SANS LIEN ENTRE EUX DEVENAIENT VIVANTS ET ANIMÉS DEVANT MES YEUX, ET POUVAIENT CAUSER DES CHANGEMENTS RICHES ET INÉPUISABLES.
ILS M'ENTOURAIENT, M'ENCERCLAIENT ÉTROITEMENT, AGISSAIENT À LEUR GUISE, ET S'ASSEMBLAIENT EN PHRASES COMPLÈTES POUR DEVENIR DES ARMES MORTELLES, CAPABLES À TOUS LES COUPS DE TOUCHER L'ADVERSAIRE ET DE LE BLESSER.

* NDT : IL S'AGIT D'UN JEU DE MOTS SUR LE TERME «TECHNIQUE» ET «PROSTITUÉE» QUI SONT HOMONYMES EN CHINOIS.

VOICI UN PETIT JEU POUR TESTER TON HONNÊTETÉ ET TON COURAGE!
IL PERMET DE VÉRIFIER SI UNE FILLE EST VIERGE OU NON.
OH? HA, HA! ALORS?
JE COINCE CETTE PIÈCE ICI ET JE TE POSE DES QUESTIONS.

TU DOIS OBLIGATOIREMENT RÉPONDRE DE MANIÈRE CONCISE ET M'ARRACHER EN MÊME TEMPS LA PIÈCE DES DOIGTS.
D'ACCORD. MAIS, INTERDIT DE ME JOUER UN TOUR!
ALLEZ! PREMIÈRE QUESTION! QUEL ÂGE AS-TU?
NON, JE NE VEUX PAS TE RÉPONDRE. DE TOUTE FAÇON JE SUIS PLUS ÂGÉE QUE VOUS!
BON, TU ES EXCUSÉE, MAIS POUR CETTE FOIS UNIQUEMENT.
qi

DEUXIÈME QUESTION ! QUEL ÂGE AVAIS-TU LORSQUE TU AS RENCONTRÉ TON PREMIER PETIT AMI ?
SEIZE ANS.
BIEN JEUNE.
...
TROISIÈME QUESTION. QUE T'A DIT TON PETIT AMI LORSQUE TU AVAIS RENDEZ-VOUS AVEC LUI ?
QU'EST-CE QU'IL A DIT ?
HEU...

...
...
QU'EST-CE QU'IL A DIT?
...
TU SERS TROP FORT, JE PEUX PAS LA RETIRER!
HA, HA! HA, HA!
QUEL CON!

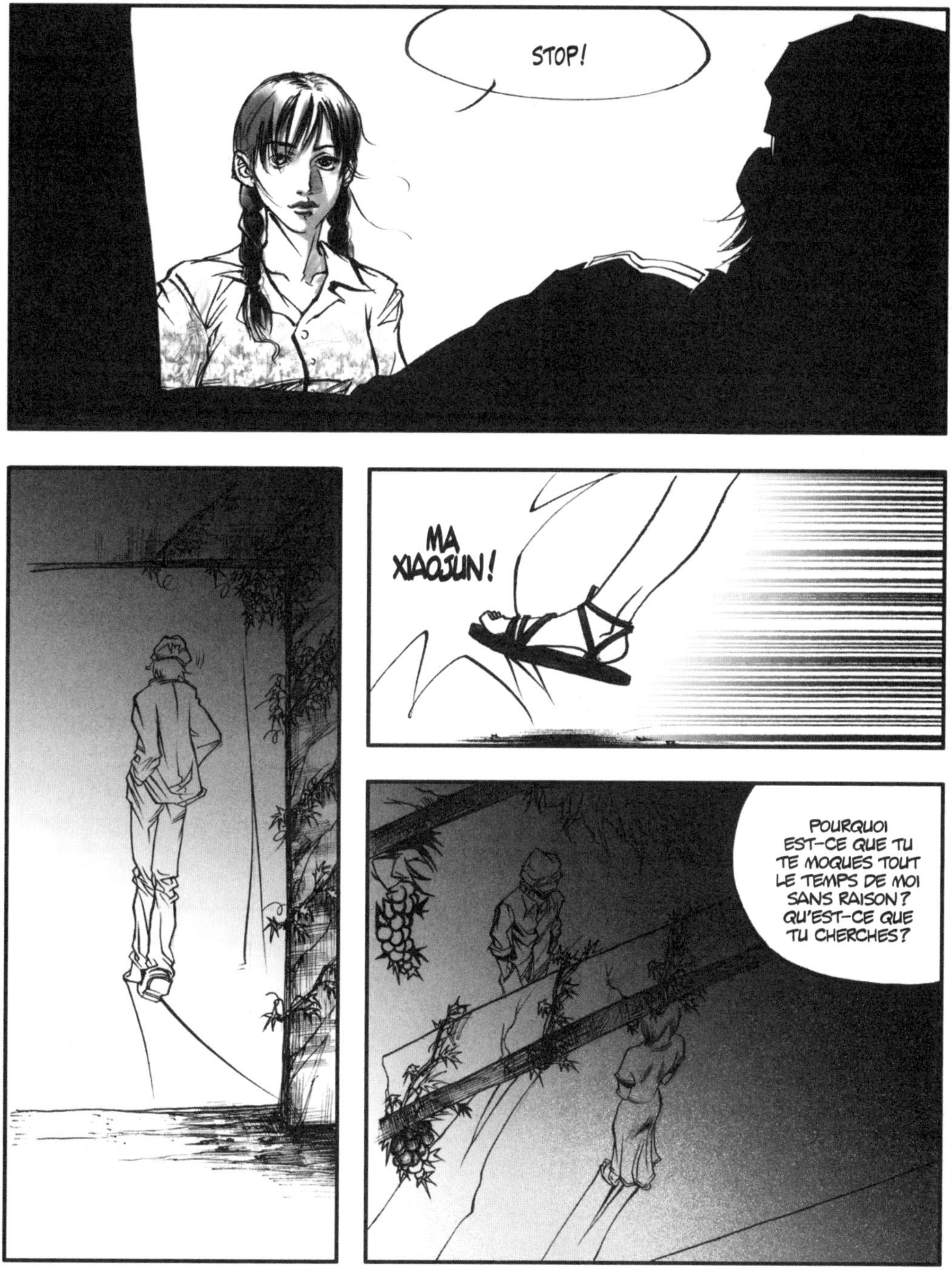
STOP!
MA XIAOJUN!
POURQUOI EST-CE QUE TU TE MOQUES TOUT LE TEMPS DE MOI SANS RAISON? QU'EST-CE QUE TU CHERCHES?

RIEN, C'EST JUSTE POUR BLAGUER.
TU APPELLES ÇA DES BLAGUES?
COMMENT ÇA? C'EST PAS DES BLAGUES? TU NE COMPRENDS VRAIMENT RIEN À RIEN? TU TE FÂCHES MÊME POUR DES BLAGUES? FAIT CHIER, VRAIMENT CHIER!
TES BLAGUES, ELLES SONT BLESSANTES!
OÙ EST-CE QUE JE T'AI BLESSÉE? AU BRAS OU À LA JAMBE? BLESSANTES? TU PEUX ENCORE ÊTRE BLESSÉE? CELA FAIT LONGTEMPS QUE TU AS UNE ARMURE EN FER! MES PAROLES NE PEUVENT, AU MIEUX, QUE TE CHATOUILLER.

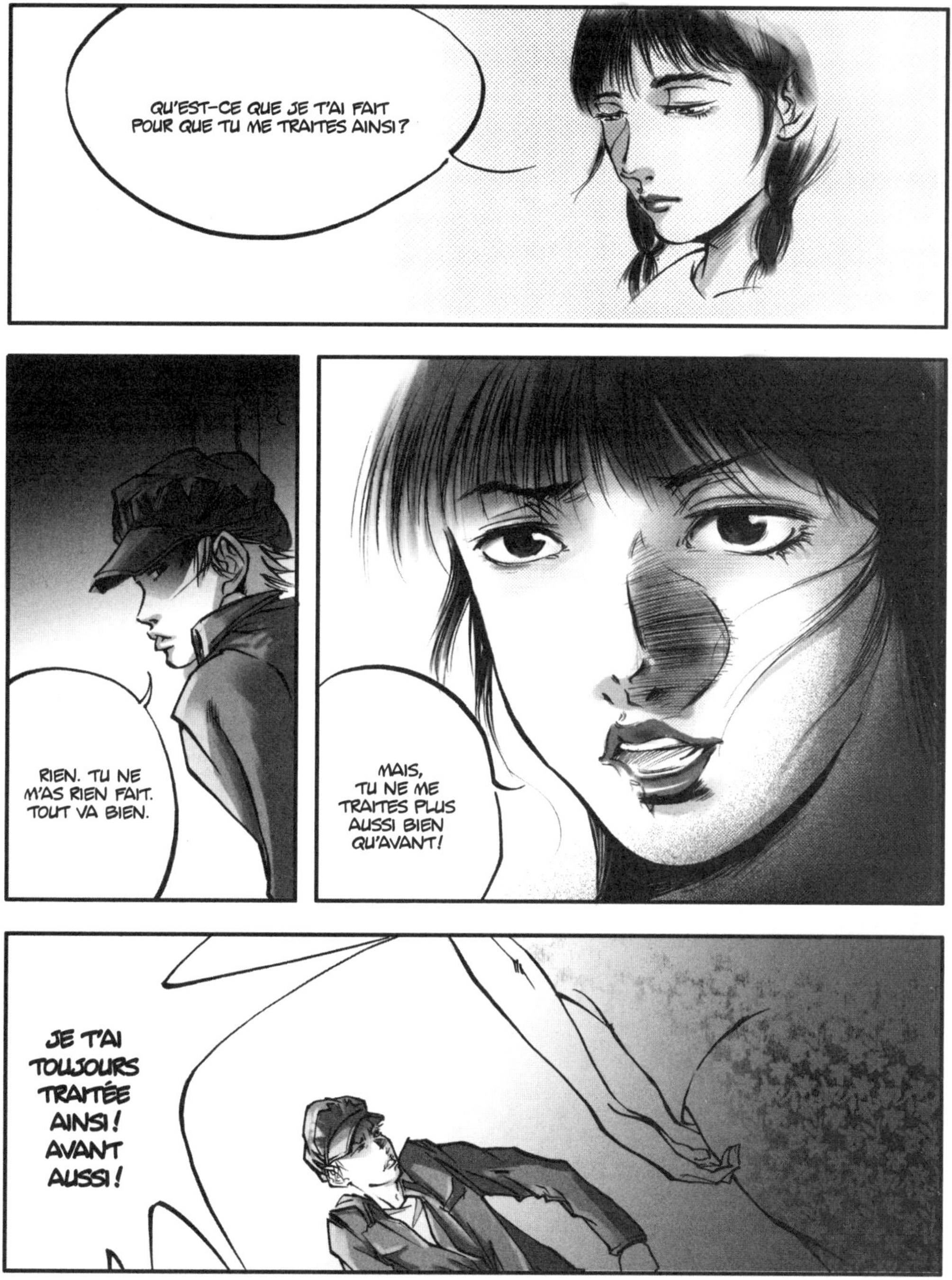
QU'EST-CE QUE JE T'AI FAIT POUR QUE TU ME TRAITES AINSI ?
RIEN. TU NE M'AS RIEN FAIT. TOUT VA BIEN.
MAIS, TU NE ME TRAITES PLUS AUSSI BIEN QU'AVANT !
JE T'AI TOUJOURS TRAITÉE AINSI ! AVANT AUSSI !

CE N'EST PAS VRAI
AVANT TU N'ÉTAIS PAS COMME ÇA !
EST-CE QUE TU ME DÉTESTES?
SI TU NE ME DÉTESTES PAS, JE REVIENDRAI, SINON JE M'EN VAIS.
QU'EST-CE QUE ÇA CHANGE QUE JE TE DÉTESTE OU NON?

EH BIEN, BARRE-TOI... ET NE REVIENS PAS! JE VEUX PLUS TE VOIR!
JE PEUX TE DEMANDER POURQUOI?
POUR RIEN!
ELLE M'A FIXÉ DE SON REGARD ACÉRÉ COMME UNE POINTE. JE N'AI PAS SOURCILLÉ ; JE SUIS RESTÉ DROIT DEVANT ELLE... SANS M'EN RENDRE COMPTE, DEBOUT, SUR LA POINTE DES PIEDS.
...

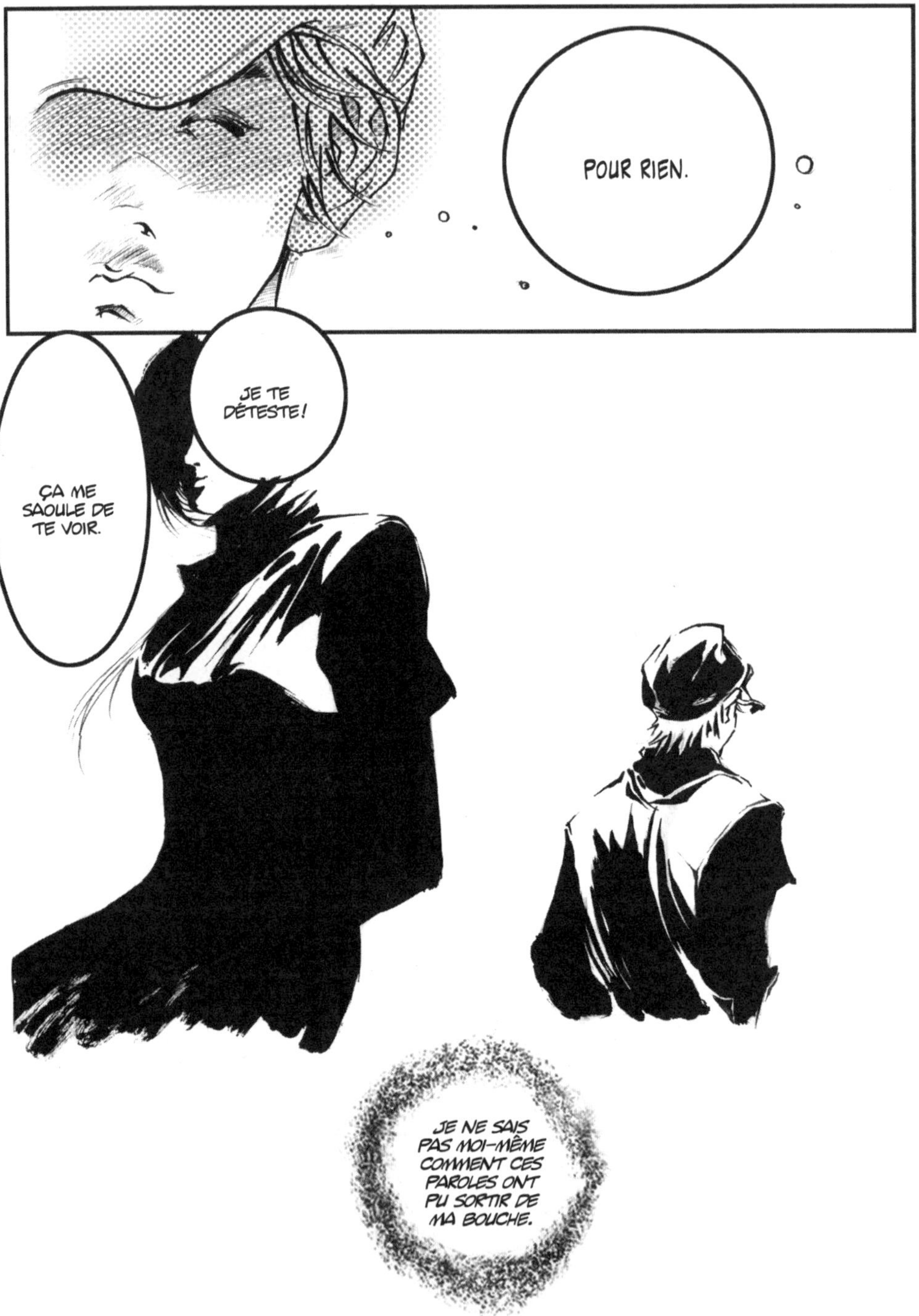
POUR RIEN.
JE TE DÉTESTE!
ÇA ME SAOULE DE TE VOIR.
JE NE SAIS PAS MOI-MÊME COMMENT CES PAROLES ONT PU SORTIR DE MA BOUCHE.

LE PASSÉ, C'EST COMME DE LA FUMÉE...
IL SE TRANSFORME TOUT LE TEMPS.

9 - BAGARRE AU RESTAURANT DE MOSCOU

RESTAURANT DE MOSCOU

REPAS D'ANNIVERSAIRE COMMUN

INTENSIFICATION RAPIDE DES DIVERGENCES ENTRE DEUX PERSONNAGES

Restaurant de Moscou
C'ÉTAIT MON ANNIVERSAIRE ET CELUI DE GAO PU. NOUS AVIONS TOUS VIDÉ NOS FONDS DE POCHE POUR FAIRE LA FÊTE. NOUS SOMMES DU MÊME JOUR, MÊME MOIS, MAIS PAS DE LA MÊME ANNÉE ; C'EST LE JOUR DE L'ANNIVERSAIRE DE LA LIBÉRATION DE L'ANCIEN PARTI COMMUNISTE DE LA ROUMANIE.
DÈS MON ENTRÉE DANS LE RESTAURANT, J'AI REPÉRÉ MI LAN. ELLE M'A ADRESSÉ UN SOURIRE PRUDENT, RETENU, ET CELA M'A MIS EN COLÈRE.
Corona Extra

JE...
TU AVAIS BIEN DIT QUE TU NE VENAIS PLUS! QU'EST-CE QUE TU FOUS ICI?
NON, FAIS-LA PARTIR!
JE LUI AI DEMANDÉ DE VENIR!
FOUS-MOI LE CAMP D'ICI!
TIRE-TOI!

ARRÊTE!!! À QUOI BON ?
TU TE BARRES OUI OU MERDE? FOUS-MOI LE CAMP OU JE TE FRAPPE!
...
IL VAUT MIEUX QUE JE M'EN AILLE.

MI LAN, RESTE, ASSIEDS-TOI.
XIAOJUN, LAISSE-LA RESTER D'ACCORD? FAIS CELA POUR MOI, S'IL TE PLAÎT...
PAS QUESTION ! AUJOURD'HUI, JE NE M'OCCUPE DE PERSONNE ET CELUI QUI OSE LA PROTÉGER VA AVOIR AFFAIRE À MOI... ELLE DOIT FOUTRE LE CAMP !

DANS MES SOUVENIRS, IL ME SEMBLE QUE JE DEVAIS ÊTRE UN PEU IVRE. OR, COMME NOUS VENIONS JUSTE D'ARRIVER DANS LE RESTAURANT, NOUS N'AVIONS ENCORE RIEN MANGÉ.
DÉGAGE !
À JEUN, J'ÉTAIS TRÈS RAREMENT AUSSI VIOLENT, AUSSI SAUVAGE. AUJOURD'HUI, MÊME IVRE, JE N'EN SERAIS PLUS CAPABLE.

* NDT : LE TERME UTILISÉ DÉSIGNAIT À L'ÉPOQUE LE FAIT DE BLESSER QUELQU'UN À SANG EN UTILISANT UN TUYAU MÉTALLIQUE TAILLÉ EN BISEAU ET PLANTÉ DANS L'ADVERSAIRE. LE SANG DE LA BLESSURE S'ÉCOULAIT ALORS PAR LE TUYAU.

* NDT : CETTE STATUE EST INSTALLÉE AU CENTRE DE LA PLACE TIAN AN MEN.

S'IL VOUS PLAÎT, ALLEZ RÉGLER VOS AFFAIRES DEHORS! VOUS GÊNEZ LES AUTRES CLIENTS!

NOUS ÉTIONS DANS LE PARC ; LE SOLEIL DE MIDI BRILLAIT COMME UNE SÉRIE DE BOMBES EXPLOSANT SANS INTERRUPTION DANS LE CIEL EN ÉMETTANT UNE LUMIÈRE ÉBLOUISSANTE ET BRÛLANTE.

L'AIR SOMBRE, JE SERRAIS FORTEMENT LE MANCHE DU COUTEAU DANS MA POCHE DE PANTALON ; MA PEAU, À TRAVERS LE TISSU, POUVAIT RESSENTIR À QUEL POINT LA LAME ÉTAIT ACÉRÉE.

JE ME SOUVIENS DE LA FLORAISON MAGNIFIQUE DES POIRIERS, DES PRUNUS ET DES POMMIERS SAUVAGES MÊME SI, COMME CHACUN SAIT, À CETTE PÉRIODE DE L'ANNÉE LEURS FLEURS SONT DÉJÀ FANÉES.
MAIS J'AIME BIEN L'IDÉE DE MOURIR TOUT ENSANGLANTÉ, APRÈS M'ÊTRE DÉBATTU AU MILIEU DE CE PAYSAGE EN FLEURS AUX COULEURS VIVES.

J'ÉTAIS GELÉ. MÊME SOUS LES RAYONS BRÛLANTS DU SOLEIL, JE NE POUVAIS M'EMPÊCHER DE FRISSONNER. JE N'AVAIS ABSOLUMENT PAS L'AIR MARTIAL D'UN GUERRIER, MAIS PLUTÔT L'ASPECT TREMBLOTANT DE CELUI QUI VA SE PRENDRE UNE RACLÉE. J'ÉTAIS DÉJÀ REVENU DE MA COLÈRE, ET MON COEUR ÉTAIT PLEIN DE REGRETS. POURQUOI AVAIT-IL FALLU QUE JE DISE «JE VAIS TE TROUER» ? J'AURAIS PU AUSSI BIEN DIRE «JE VAIS TE FRAPPER» CE QUI EST AUSSI MÉCHANT MAIS FINALEMENT MOINS DANGEREUX.

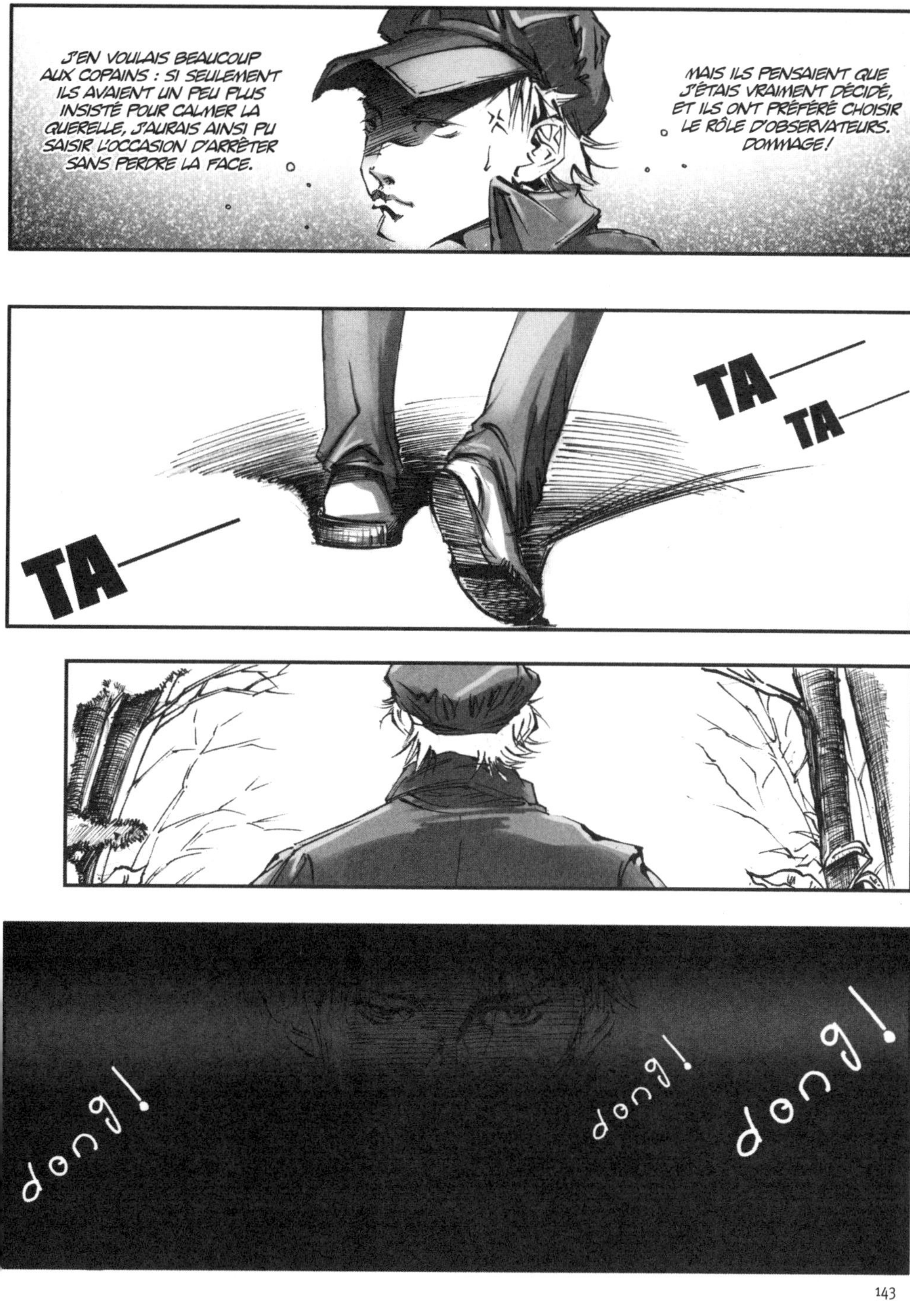

J'EN VOULAIS BEAUCOUP AUX COPAINS : SI SEULEMENT ILS AVAIENT UN PEU PLUS INSISTÉ POUR CALMER LA QUERELLE, J'AURAIS AINSI PU SAISIR L'OCCASION D'ARRÊTER SANS PERDRE LA FACE.
MAIS ILS PENSAIENT QUE J'ÉTAIS VRAIMENT DÉCIDÉ, ET ILS ONT PRÉFÉRÉ CHOISIR LE RÔLE D'OBSERVATEURS. DOMMAGE !
TA—
TA—
TA—
dong!
dong!
dong!

JE ME SUIS RAPPROCHÉ DE GAO PU QUI ÉTAIT DEBOUT EN FACE DE MOI. IL ÉTAIT BIEN PLUS CALME QUE MOI, MAIS IL AVAIT LE MÊME AIR BLÊME ET ME FIXAIT D'UN REGARD INQUIET. C'EST LA PREMIÈRE FOIS QUE J'AI REMARQUÉ QU'IL AVAIT DE GRANDS YEUX EFFRAYANTS. JE L'AI EXAMINÉ DES PIEDS À LA TÊTE, COMME SI JE NE SAVAIS PAS À QUEL ENDROIT PLANTER MON COUTEAU. MÊME AU PLUS FORT DE MA COLÈRE, JE N'AI JAMAIS VOULU LE TUER. «JE VAIS LE TROUER» SIGNIFIAIT QUE J'ALLAIS LE BLESSER AVEC MON COUTEAU, ET QUE J'ARRÊTERAIS DÈS QUE SON SANG SE METTRAIT À COULER. MAIS S'IL BOUGEAIT ET SE DÉFENDAIT, J'AVAIS PEUR DE NE PAS ARRIVER À MAÎTRISER LA PROFONDEUR ET L'EMPLACEMENT DE LA BLESSURE.

DÉPÊCHONS! DÉPÊCHONS, LES ADULTES VONT BIENTÔT RAPPLIQUER!
«À LUI D'ATTAQUER LE PREMIER!» D'UN SEUL COUP CETTE PENSÉE CHEVALERESQUE M'EST VENUE À L'ESPRIT ET M'A PERMIS ÉGALEMENT DE TROUVER UN PRÉTEXTE POUR NE PAS SORTIR MON COUTEAU.
FRAPPE-MOI, JE NE T'ATTAQUERAI PAS.

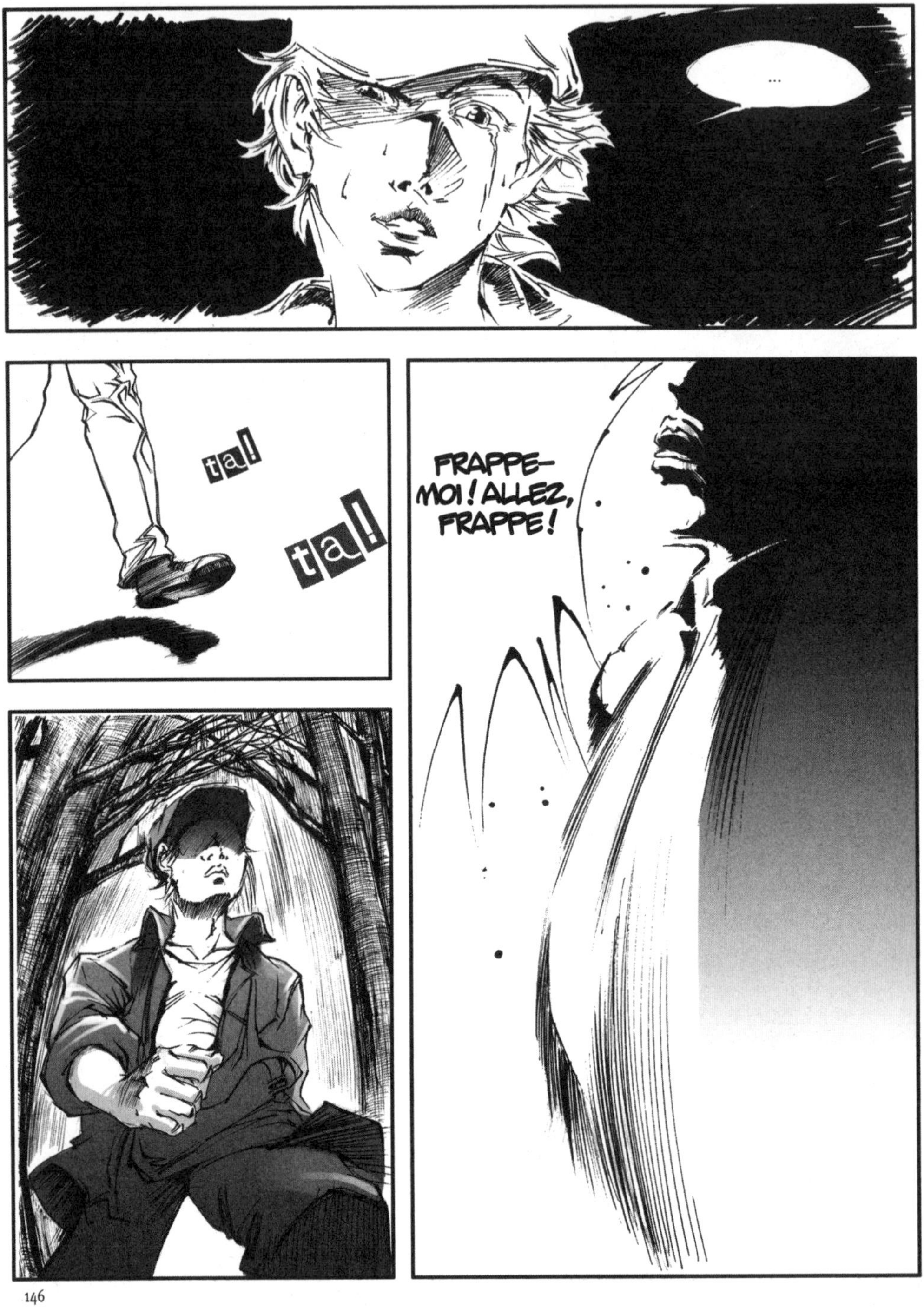
...
ta!
ta!
FRAPPE-MOI ! ALLEZ, FRAPPE !

FRAPPE, ALLEZ...

OUINH...

J'AI ESSUYÉ RAGEUSEMENT MES LARMES AVEC MES MAINS, MAIS JE N'ARRIVAIS PAS À ENDIGUER LEUR FLOT. JE RESTAIS DEBOUT, IMMOBILE, OBSTINÉ. GAO PU A ÉGALEMENT ESSUYÉ SES LARMES. CES PLEURS ÉTAIENT TRÈS DURS.

C'EST BON, FAITES LA PAIX TOUS LES DEUX.
FAITES LA PAIX !
À QUOI BON ENTRE POTES ?
GAO PU, JE... JE...
NE DIS RIEN, TON POTE SAIT, TON POTE COMPREND.
XIAOJUN..., TU...
ON EST TOUS POTES...
ALLEZ, ALLEZ...
BEN OUI, DEPUIS TOUTES CES AN-NÉES...

J'AI SORTI LA TÊTE DE CES EMBRASSADES AMICALES MAIS SUFFOCANTES POUR CRACHER UN BON COUP, PUIS REBAISSÉ LA TÊTE ET J'AI RECOMMENCÉ À PLEURER. JE PENSAIS ALORS QU'IL FALLAIT ABSOLUMENT QUE JE RESTE AMI À VIE AVEC GAO PU ET TOUS LES POTES PRÉSENTS QUI PLEURAIENT AVEC NOUS.
AVEC GAO PU, TOUT EN PLEURANT, NOUS NOUS ÉPANCHIONS MUTUELLEMENT DANS LES BRAS L'UN DE L'AUTRE. NOUS EXPLIQUIONS QU'EN RÉALITÉ NOUS PORTIONS UNE GRANDE IMPORTANCE AUX SENTIMENTS, QUE NOUS ÉTIONS TRÈS LOYAUX ET QUE NOUS ÉTIONS PLUS QUE DÉSOLÉS D'AVOIR OSÉ SORTIR UN COUTEAU ENTRE AMIS. APRÈS AVOIR FINI DE PARLER, NOUS PLEURIONS. ET, APRÈS AVOIR FINI DE PLEURER, NOUS PARLIONS : NOUS PARLIONS TOUT EN PLEURANT. NOS SANGLOTS ÉTAIENT POIGNANTS, NOUS AVIONS LE VISAGE BAIGNÉ DE LARMES.

FINALEMENT, NOUS EN AVONS EU ASSEZ DE PLEURER. NOUS NOUS SOMMES CALMÉS ET, BRAS DESSUS BRAS DESSOUS, NOUS SOMMES PARTIS NOUS METTRE À L'OMBRE.
GAO PU, J'AI EU UN MOMENT D'ÉGAREMENT, JE...
XIAOJUN, NE DIT RIEN...
JE SAVAIS BIEN QUE TU NE POUVAIS PAS VRAIMENT ME DÉTESTER AU POINT DE ME FRAPPER.
JE SAIS TOUT CELA AU FOND DE MOI. DEPUIS TOUTES CES ANNÉES QU'ON EST ENSEMBLE, COMMENT POURRAIS-JE NE PAS T'AIMER? LES FRÈRES RESTENT FRÈRES, QUOI QU'IL ARRIVE...

UN GAMIN EST ARRIVÉ, SORTANT DU PARC EN COURANT. IL S'EST ARRÊTÉ, CURIEUX, LA BOUCHE OUVERTE POUR NOUS DÉVISAGER : NOUS, CETTE BANDE DE JEUNES AUX YEUX ROUGES, MARCHANT BRAS DESSUS BRAS DESSOUS DANS UN ÉTAT DÉPLORABLE...
!!!
RIEN À VOIR!
PAF!

10 - MA NUIT AVEC YU BEIBEI

J'ÉTAIS TRÈS PROCHE DE YU BEIBEI, PROCHE AU POINT QUE NOUS POUVIONS NOUS TOUCHER, NOUS FRÔLER, MAIS JE NE SUIS JAMAIS ALLÉ PLUS LOIN. J'EN AVAIS BIEN ENVIE, MAIS YU BEIBEI ME TAQUINAIT TOUT LE TEMPS, ET JE N'AI JAMAIS RÉUSSI À PRENDRE LA DÉCISION COURAGEUSE DE ME JETER SUR ELLE.

NOUS ÉCHANGIONS FRÉQUEMMENT DES PAROLES OSÉES MAIS, AU BOUT DU COMPTE, JE PARTAIS EN PRENANT MON AIR DE PETIT SAINT.

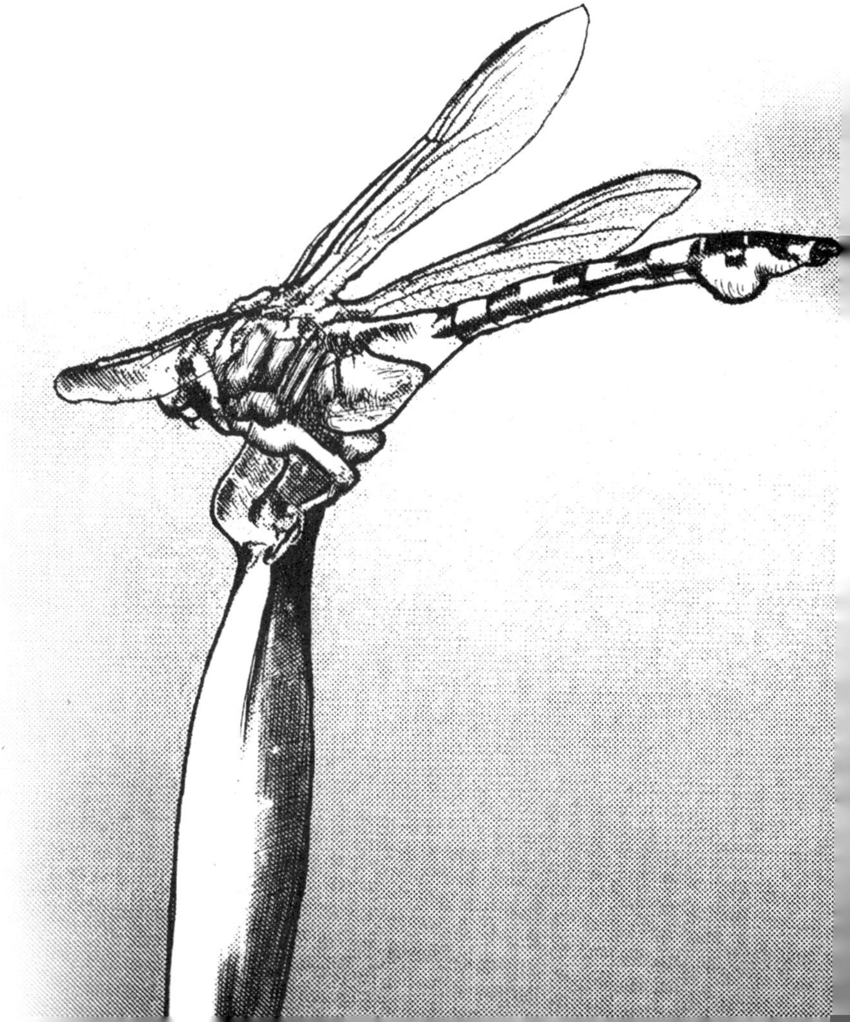

J'ÉTAIS TRÈS SATISFAIT DE LA SOLUTION TROUVÉE. NON SEULEMENT PERSONNE N'AVAIT ÉTÉ BLESSÉ, NI N'AVAIT PERDU LA FACE MAIS...
...EN PLUS, NOTRE AMITIÉ EN RESSORTAIT RENFORCÉE.
GAO PU M'AVAIT MÊME FAIT VERSER DES LARMES DE RECONNAISSANCE !

QUEL CON, MÊME PAS CAPABLE DE FRAPPER QUELQU'UN.
TU NE COMPRENDS RIEN À RIEN, ON EST POTES!
TSSS, TSSS
QU'EST-CE QUE TU PEUX BIEN PIGER À ÇA?... NOUS SOMMES DES FRÈRES JURÉS, TU NE PEUX PAS COMPRENDRE...
TU NE ME CROIS PAS, DEMANDE À WEI NING, L'AFFAIRE DE L'AUTRE JOUR, UN PEU PLUS ET LES COUTEAUX ÉTAIENT SORTIS!
C'EST BON, C'EST BON, C'EST VOUS LES MEILLEURS!
INUTILE DE GASPILLER MA SALIVE AVEC TOI, LES MECS SÉRIEUX NE DISCUTENT PAS AVEC LES FILLES.

IL JOUE AU CON ? ON Y VA ! ON VA VOIR COMMENT IL PISSE DANS SON FROC !
C'EST JUSTE DEVANT. NOUS Y SOMMES DÉJÀ ALLÉS IL Y A DEUX JOURS. CE TYPE EST UN VRAI SAUVAGE !
AH !
XIAOJUN, TE VOILÀ.
IL VA SANS DIRE QUE J'ÉTAIS REDEVENU AMI AVEC GAO PU. J'AI MÊME ARRÊTÉ DE TRAITER MI LAN MÉCHAMMENT ET JE RESTAIS POLI AVEC ELLE QUAND JE LA VOYAIS. MAIS, À CHAQUE FOIS QU'ELLE VENAIT ALORS QUE NOUS ÉTIONS EN TRAIN DE BAVARDER, JE LAISSAIS PASSER QUELQUES INSTANTS ET JE M'EN ALLAIS, DE FAÇON À SAUVEGARDER AINSI MON AMOUR PROPRE.

WEINING!
WEINING!
WEINING, TU ES LÀ? QU'EST-CE QUE TU TRAFIQUES DANS LE NOIR SANS LUMIÈRE...

ALLUME...
PAS DE TRACES! PAS DE TRACES!
LE BAISER N'A PAS LAISSÉ DE TRACES!
AH!
YU BEIBEI, TU REMETS ENCORE ÇA?!
ATTRAPE-LE, FAIS-LUI EN UN BIEN APPUYÉ...

J'AI COMMENCÉ À PASSER DU TEMPS AVEC YU BEIBEI. NOUS ALLIONS SOUVEN
NOUS AMUSER CHEZ WEINING. IL ÉTAIT AUSSI INTÉRESSÉ PAR YU BEIBEI. SON
PÈRE ÉTAIT DÉCÉDÉ TROIS ANS AUPARAVANT, SA MÈRE ÉTAIT PROVISEUR D'U
COLLÈGE ET GÉNÉRALEMENT TRÈS OCCUPÉE. MÊME PENDANT LES VACANCES
ELLE ORGANISAIT DES SESSIONS DE FORMATION POUR LES PROFS. ELLE ÉTAIT
PARFOIS SI OCCUPÉE QU'ELLE NE RENTRAIT PAS CHEZ ELLE LE SOIR.
SON FRÈRE ET SA SOEUR AÎNÉS ÉTAIENT À L'ARMÉE. IL ÉTAIT SEUL, ET NOUS FAISIONS LE BAZAR CHEZ LUI.

PETIT À PETIT, WEINING, WANG RUOHAI, YU BEIBEI ET MOI, NOUS NOUS SOMMES ÉLOIGNÉS DE LA BANDE DE COPAINS QUI TOURNAIT AUTOUR DE GAO PU. NOUS AVONS CRÉÉ NOTRE PROPRE PETITE BANDE.
J'ÉTAIS TRÈS PROCHE DE YU BEIBEI, PROCHE AU POINT QUE NOUS POUVIONS NOUS TOUCHER, NOUS FRÔLER, MAIS JE NE SUIS JAMAIS ALLÉ PLUS LOIN.

J'EN AVAIS BIEN ENVIE, MAIS YU BEIBEI ME TAQUINAIT TOUT LE TEMPS, ET JE N'AI JAMAIS RÉUSSI À PRENDRE LA DÉCISION DE ME JETER SUR ELLE COURAGEUSEMENT. NOUS ÉCHANGIONS FRÉQUEMMENT DES PAROLES OSÉES MAIS, AU BOUT DU COMPTE, JE PARTAIS EN PRENANT MON AIR DE PETIT SAINT.

XIAOJUN !
À QUOI TU PENSES TOUT SEUL? JE VAIS T'EN RACONTER UNE BIEN BONNE...
REGARD CIRCULAIRE
HIER SOIR, AVEC YU BEIBEI, J'AI...
À MON AVIS, TU DEVRAIS AUSSI...

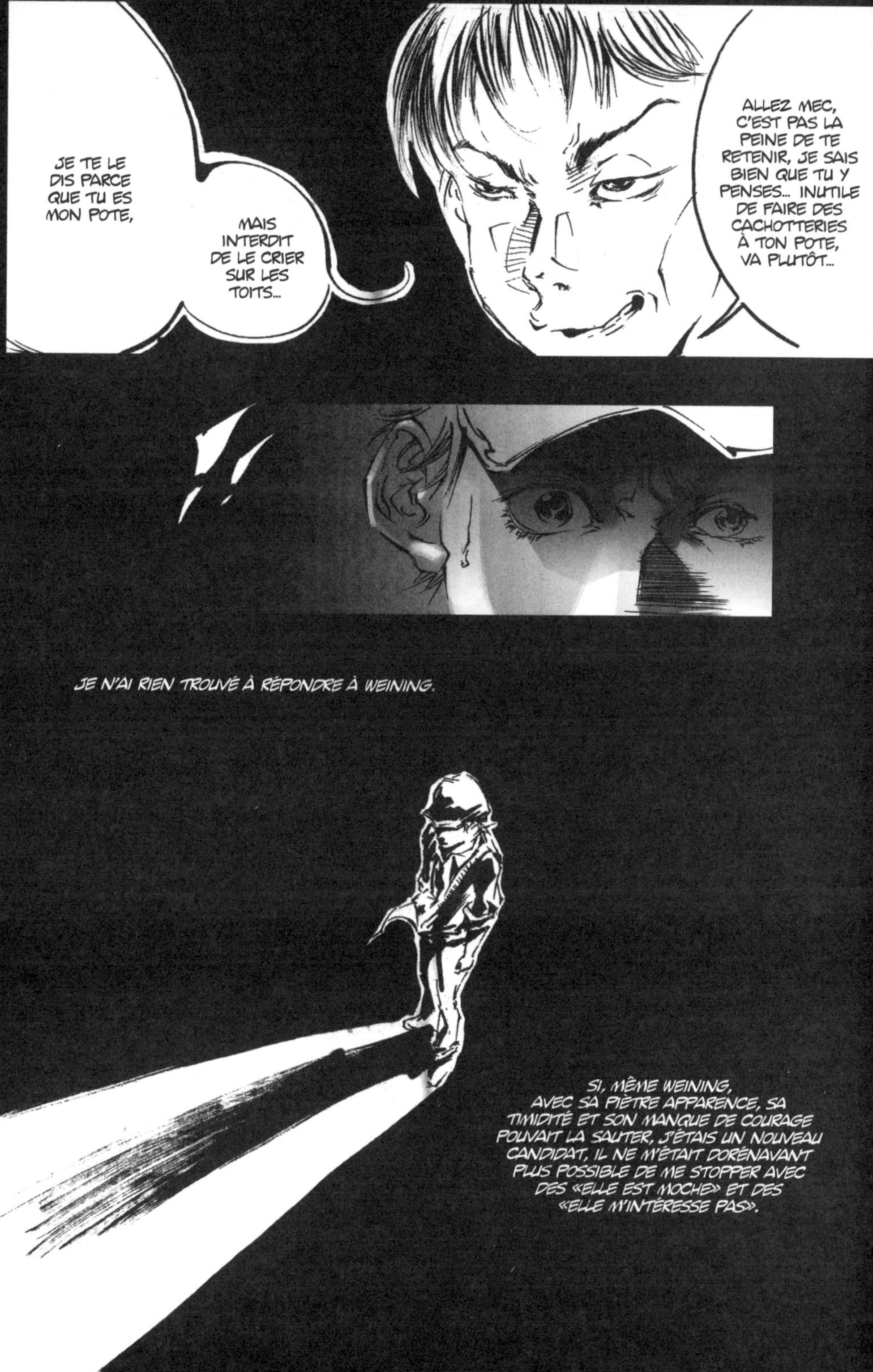
JE TE LE DIS PARCE QUE TU ES MON POTE,
MAIS INTERDIT DE LE CRIER SUR LES TOITS...
ALLEZ MEC, C'EST PAS LA PEINE DE TE RETENIR, JE SAIS BIEN QUE TU Y PENSES... INUTILE DE FAIRE DES CACHOTTERIES À TON POTE, VA PLUTÔT...
JE N'AI RIEN TROUVÉ À RÉPONDRE À WEINING.
SI, MÊME WEINING, AVEC SA PIÈTRE APPARENCE, SA TIMIDITÉ ET SON MANQUE DE COURAGE POUVAIT LA SAUTER, J'ÉTAIS UN NOUVEAU CANDIDAT, IL NE M'ÉTAIT DORÉNAVANT PLUS POSSIBLE DE ME STOPPER AVEC DES «ELLE EST MOCHE» ET DES «ELLE M'INTÉRESSE PAS».

OUAH!
RHÔOH!
MERDE, ON CRÈVE DE CHAUD AUJOURD'HUI! ON VA PRENDRE UNE DOUCHE!
D'ACCORD, MAIS... YU BEIBEI, QU'EST-CE QU'ELLE FAIT...
JE VIENS AUSSI!

NON, LES FILLES RENTRENT SAGEMENT CHEZ ELLES.
NON ! JE VIENS !
IL FAUT FAIRE LE MUR DE LA SALLE DES DOUCHES, T'EN ES CAPABLE ?
ESPÈCES DE MERDEUX SI VOUS LE FAITES, ALORS POURQUOI PAS MOI ?!
ET SI TU TOMBES... LA FAUTE À QUI ?
JE VIENS !
NON !
FACILE... ALLEZ, ON Y VA !
WOUAH ! QUEL TALENT XIAOJUN !

DONG!
DONG!
DONG!
DONG!
DONG!
DONG!

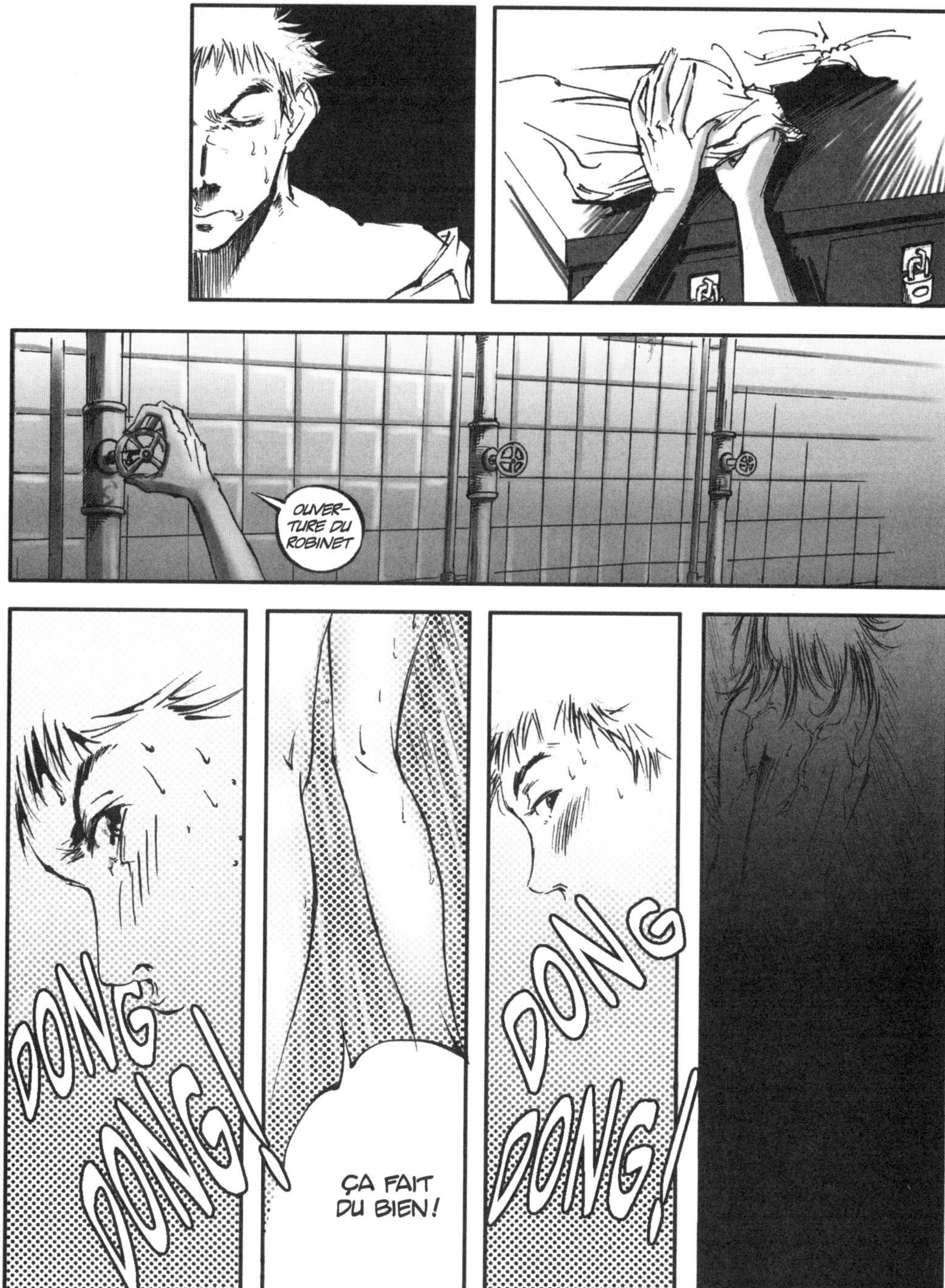

OUVER-TURE DU ROBINET
DONG DONG !
ÇA FAIT DU BIEN !
DONG DONG !

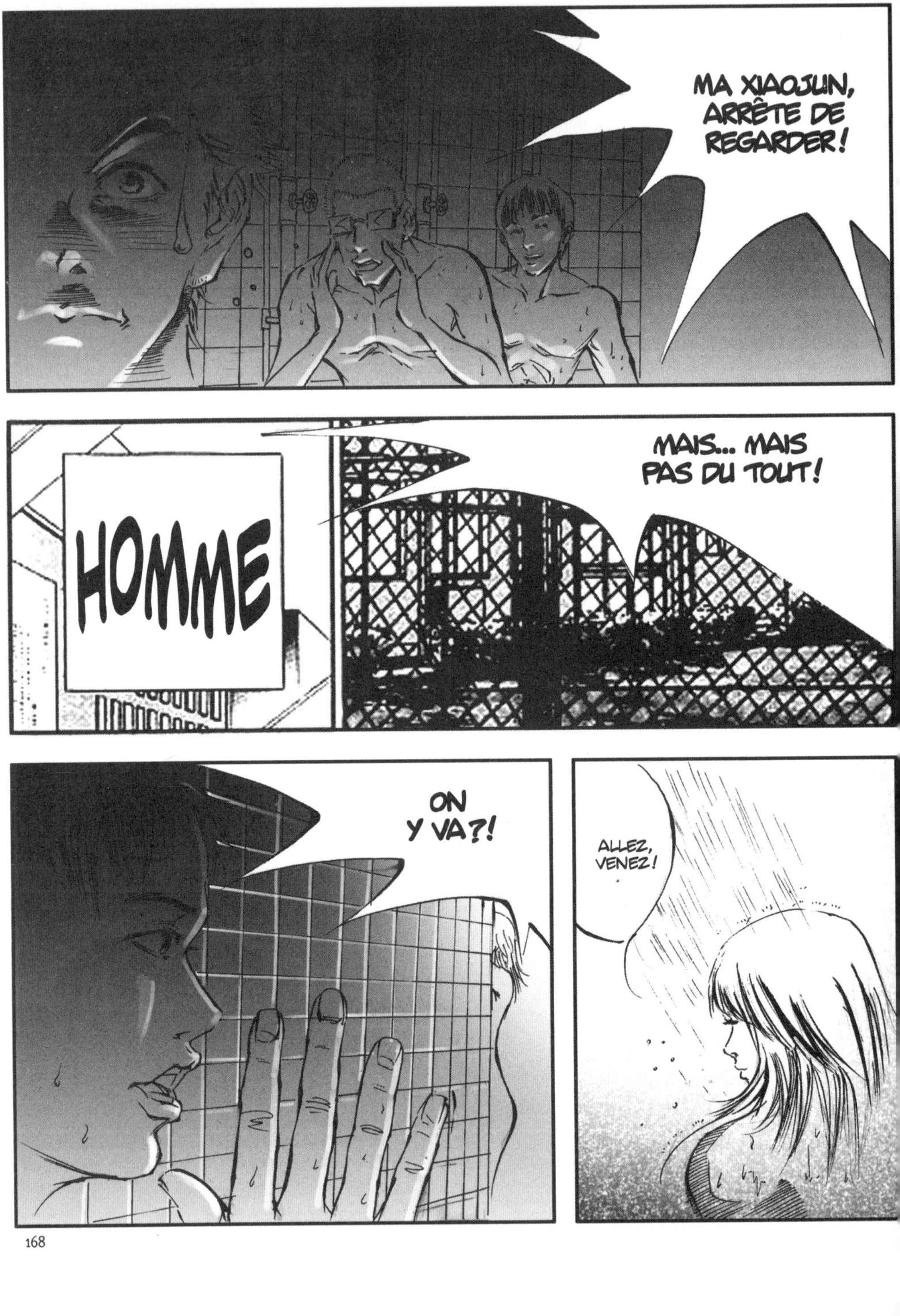
MA XIAOJUN, ARRÊTE DE REGARDER !
MAIS... MAIS PAS DU TOUT !
HOMME
ON Y VA ?!
ALLEZ, VENEZ !

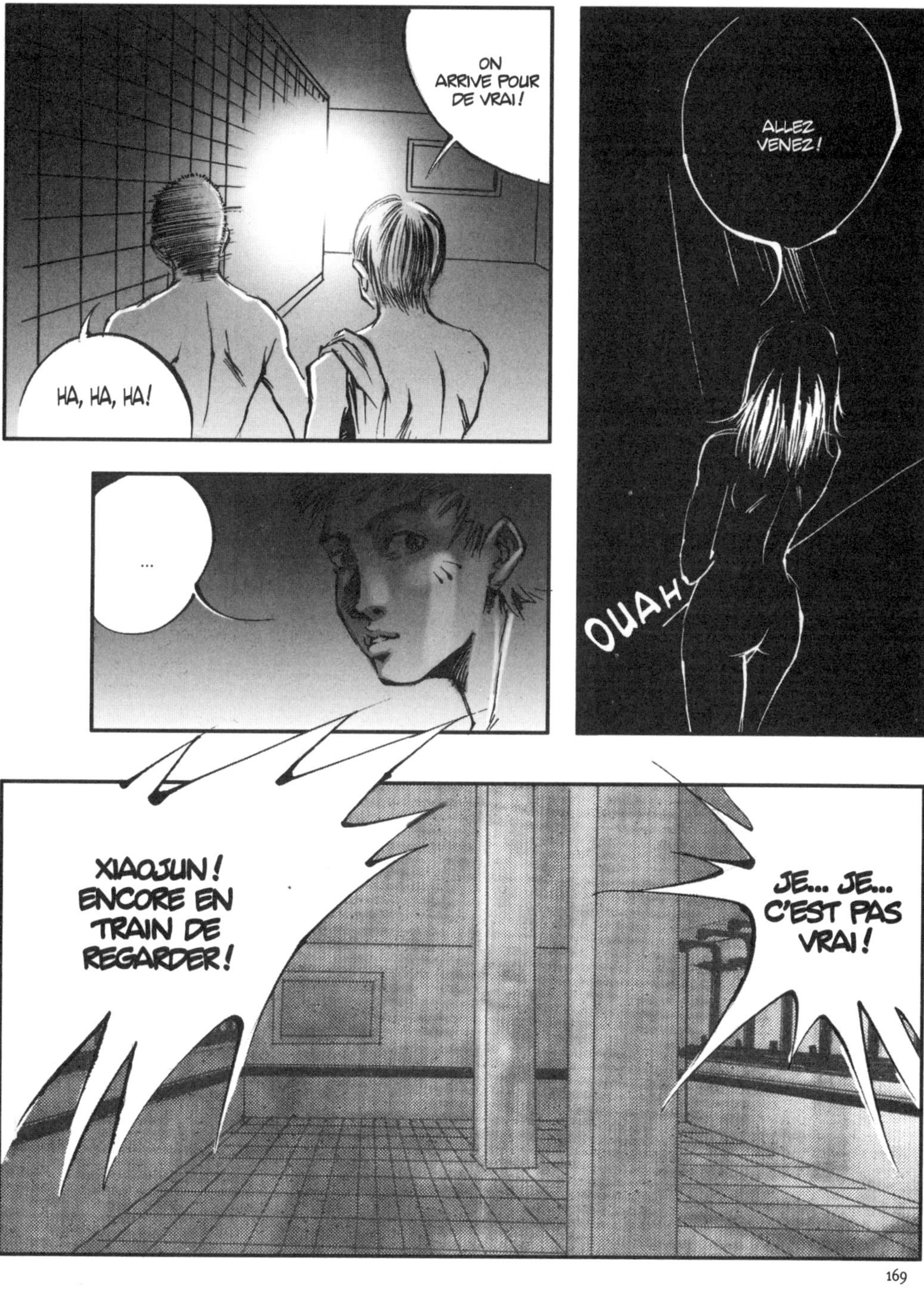
ON ARRIVE POUR DE VRAI !
HA, HA, HA !
ALLEZ VENEZ !
...
OUAH !
XIAOJUN ! ENCORE EN TRAIN DE REGARDER !
JE... JE... C'EST PAS VRAI !

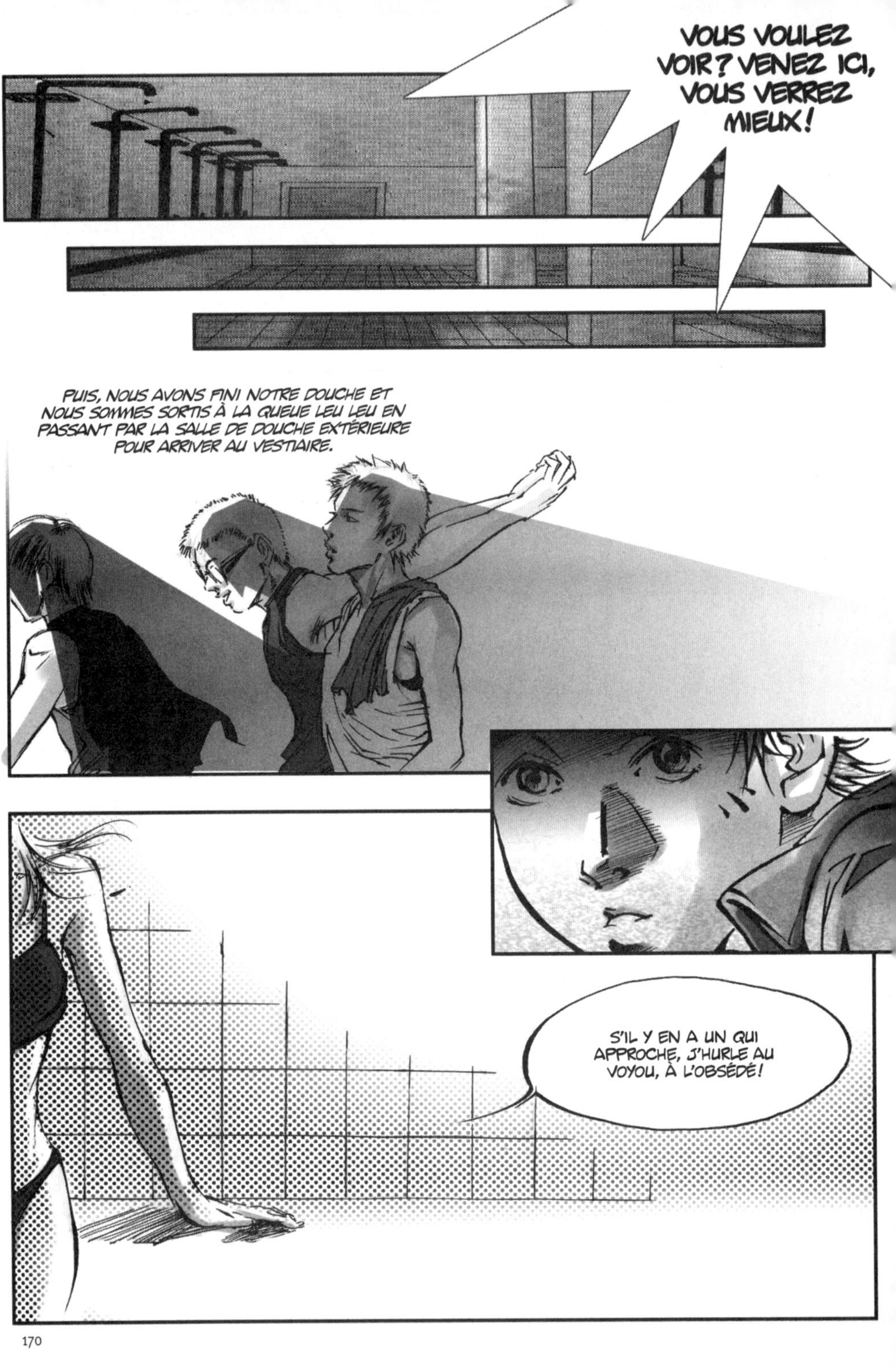
VOUS VOULEZ VOIR ? VENEZ ICI, VOUS VERREZ MIEUX !
PUIS, NOUS AVONS FINI NOTRE DOUCHE ET NOUS SOMMES SORTIS À LA QUEUE LEU LEU EN PASSANT PAR LA SALLE DE DOUCHE EXTÉRIEURE POUR ARRIVER AU VESTIAIRE.
S'IL Y EN A UN QUI APPROCHE, J'HURLE AU VOYOU, À L'OBSÉDÉ !

NOUS SOMMES SORTIS DES DOUCHES EN RIANT. AU PASSAGE, J'AI JETÉ UN COUP D'OEIL À LA DÉROBÉE. JE N'AI VU QU'UNE SILHOUETTE BLANCHE, MAIS CELA A SUFFIT POUR ME METTRE EN TRANSES.

C'EST LA VISION FINALE DE LA YU BEIBEI DE L'ÉPOQUE QUE J'AI GARDÉE EN MÉMOIRE.

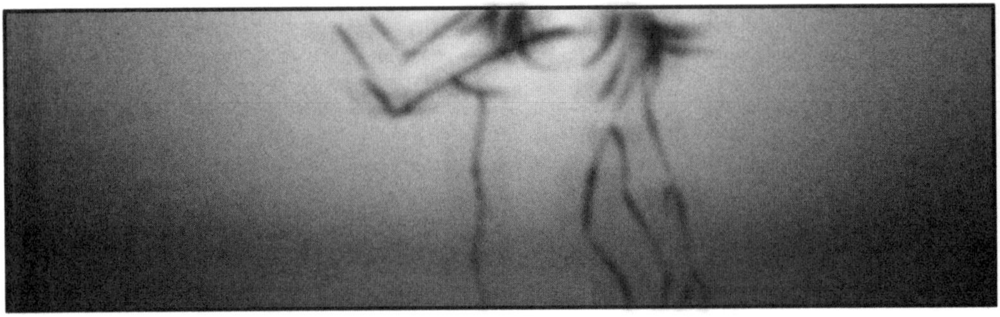

BIEN SÛR, CETTE IMAGE SE SUPERPOSE QUAND MÊME AUX ILLUSIONS ISSUES DE MES IMPULSIONS OBSCURES D'ADOLESCENT D'ALORS...

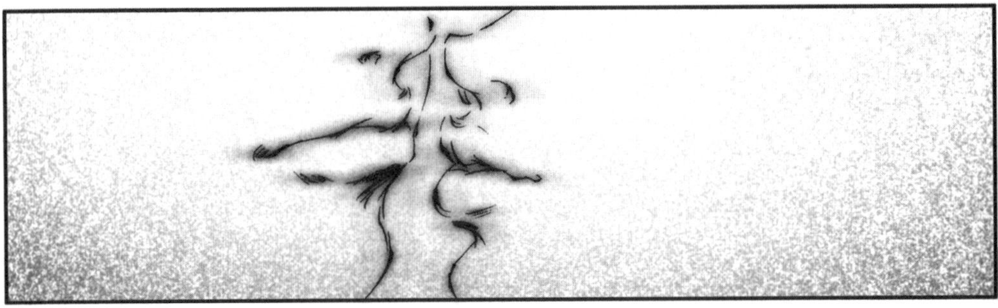

MAIS, AUJOURD'HUI ENCORE, CETTE VISION RESTE NETTE ET PRÉCISE.

YU BEIBEI...

YU BEIBEI, JE VIENS TE VOIR CE SOIR...

CETTE NUIT-LÀ, JE SUIS RESTÉ CHEZ WEINING À BAVARDER. YU BEIBEI S'ÉTAIT DÉJÀ RETIRÉE DANS LA CHAMBRE POUR DORMIR.
...
WEINING ! XIAOJUN ! JE M'EN VAIS.
OH, C'EST TROP TARD, JE NE PARS PAS, À QUOI BON ? POUR RECEVOIR UNE RACLÉE !

WANG RUOHAI S'EST BARRÉ LUI AUSSI. QU'EST-CE QU'ON S'EMMERDE, WEINING!...
WEINING!
WEINING!
...
IL DORT?!
WEINING, J'ÉTEINS LA LUMIÈRE POUR DORMIR?!
J'AI ÉTEINT LA LUMIÈRE DE LA GRANDE PIÈCE ET ME SUIS COUCHÉ SUR UN CANAPÉ EN BAMBOU POUR FAIRE SEMBLANT DE ME REPOSER, JUSQU'À ÊTRE DÉFINITIVEMENT SÛR QUE WEINING DORMAIT PROFONDÉMENT. JE ME SUIS ALORS LEVÉ DISCRÈTEMENT ET J'AI AVANCÉ À TÂTONS JUSQU'À LA CHAMBRE.

YU BEIBEI...
...
...

YU BEIBEI !

QUOI, C'EST QUI ?

CHUT !

MA XIAOJUN !
C'EST QUE MAINTENANT QUE TU VIENS! DE QUOI AVEZ-VOUS DISCUTÉ AUSSI TARD, JE VOUS AI ENTENDU BEAUCOUP RIRE...
HÉ... ARRÊTE TES CONNERIES, JE DORS!
JE MEURS DE SOMMEIL, ARRÊTE!

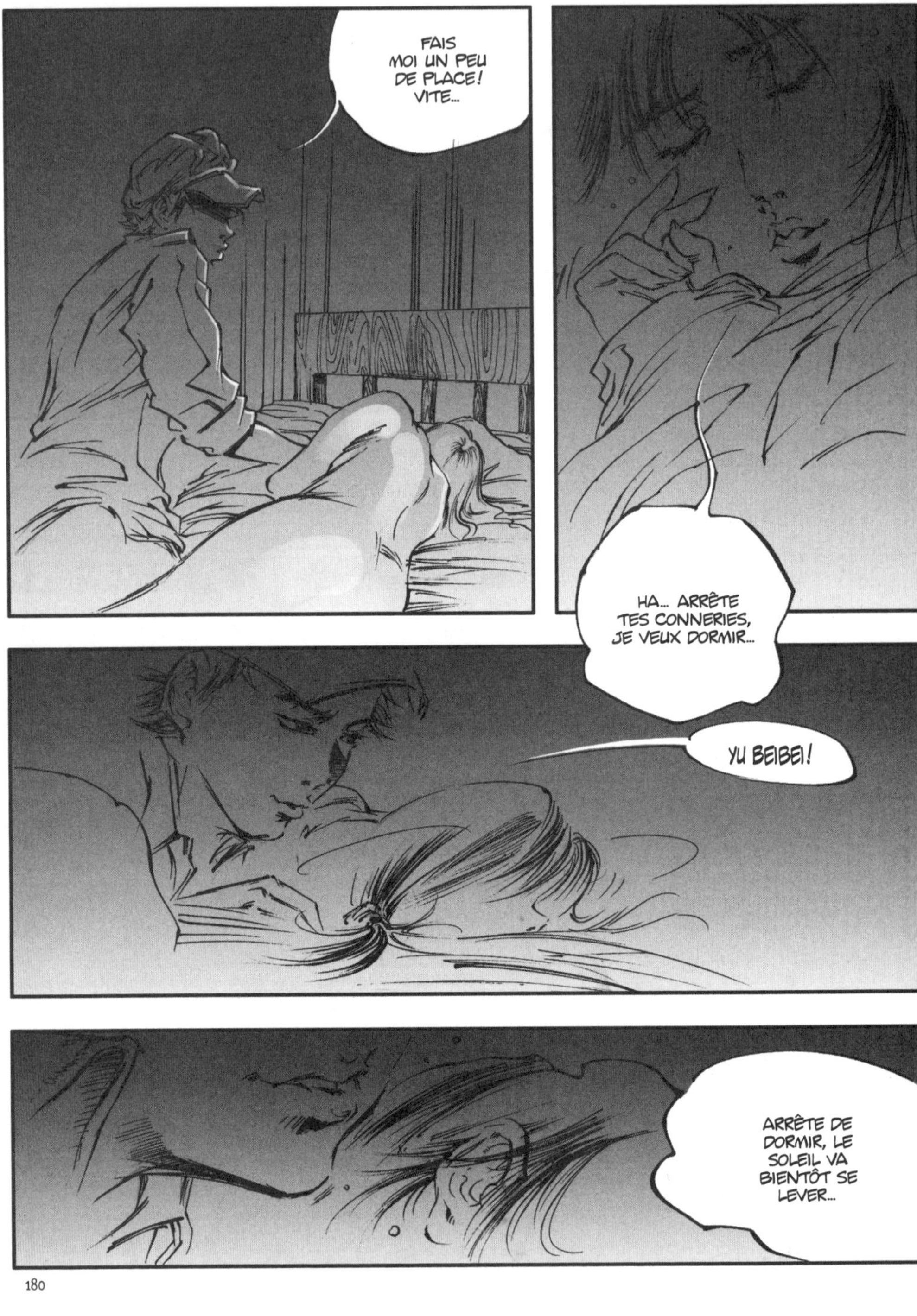
FAIS MOI UN PEU DE PLACE! VITE...
HA... ARRÊTE TES CONNERIES, JE VEUX DORMIR...
YU BEIBEI!
ARRÊTE DE DORMIR, LE SOLEIL VA BIENTÔT SE LEVER...

CONNARD ! VA TE COUCHER ! LAISSE-MOI !

MA XIAOJUN !
SI TU RECOMMENCES,
JE ME METS VRAIMENT
EN COLÈRE !
PFEU !
PFEU !
PFEU !
PFEU !
PFEU !
PARDON !
HA, HA...
TU T'EXCUSES
POUR DE BON ?

HA, HA...
HA, HA...
JE PLAISANTAIS !
QUOI ! YU BEIBEI, TU OSES TE FOUTRE DE MOI !
AÏE !
HA, HA, HA...

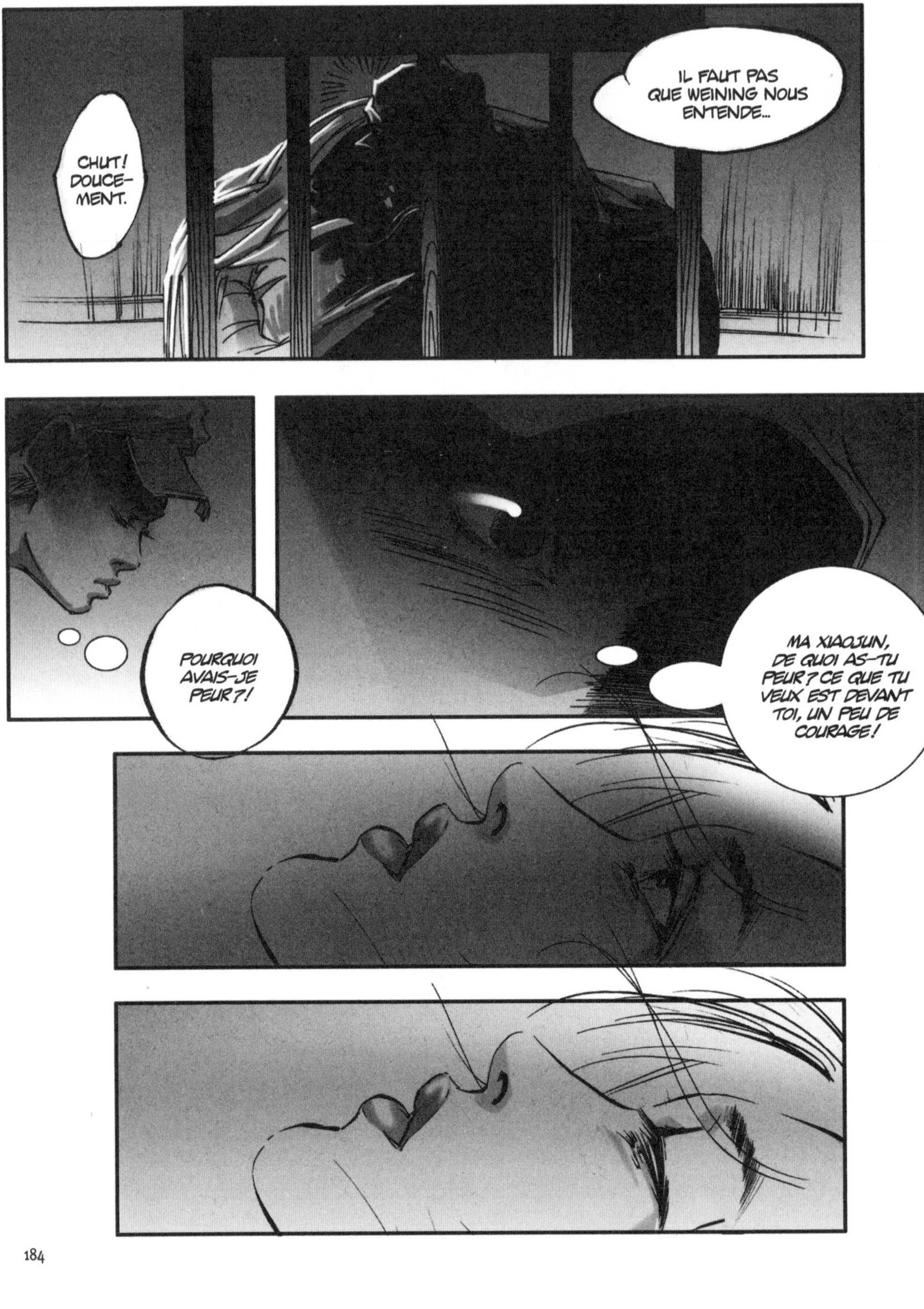
CHUT! DOUCE-MENT.
IL FAUT PAS QUE WEINING NOUS ENTENDE...
POURQUOI AVAIS-JE PEUR ?!
MA XIAOJUN, DE QUOI AS-TU PEUR ? CE QUE TU VEUX EST DEVANT TOI, UN PEU DE COURAGE !

C'ÉTAIT MON PREMIER BAISER, LE MIEN, MON BAISER AVEC YU BEIBEI, LE PREMIER BAISER...

C'ÉTAIT À LA FOIS CONFUS, HONTEUX, CRAINTIF, SILENCIEUX ET CRUEL, MAIS AUSSI COURAGEUX, DOUX, IMPULSIF, HEUREUX. C'ÉTAIT MON PREMIER BAISER.

JE VOULAIS LA CARESSER PLUS PROFOND, MAIS JE N'ARRIVAIS PAS À DÉFAIRE LE TRUC.

JE ME SOUVIENS JUSTE DES PAROLES DE YU BEIBEI : «QUEL BÊTA !»

J'AI VRAIMENT
SOMMEIL! ARRÊTE
ET DORS!
...

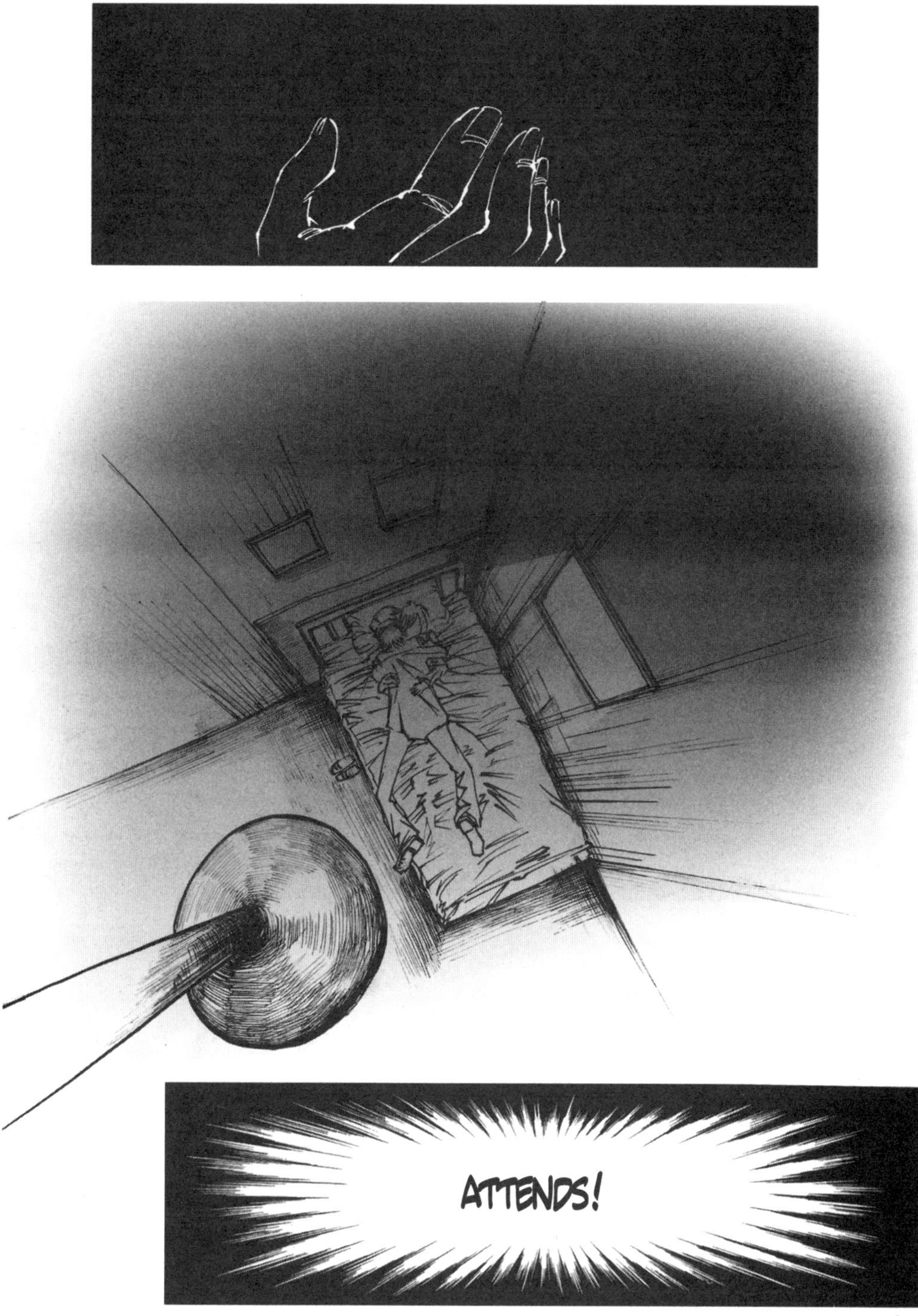
ATTENDS!

PFEU... PFEU...
ÇA, C'EST NON ! T'AS QUEL ÂGE POUR VOULOIR FAIRE ÇA ?
SI JE TE LAISSE FAIRE, TU SERAS HEUREUX SUR LE MOMENT ET ENSUITE, TU M'EN VOUDRAS TOUTE TA VIE... ET TU DIRAS QUE C'EST MOI QUI T'AI DÉVERGONDÉ.
TU ES ENCORE JEUNE, TU NE CONNAIS RIEN AUX SENTIMENTS. PLUS TARD, TU TE MARIERAS. IL FAUT QUE TU SOIS DIGNE DE TA FEMME.

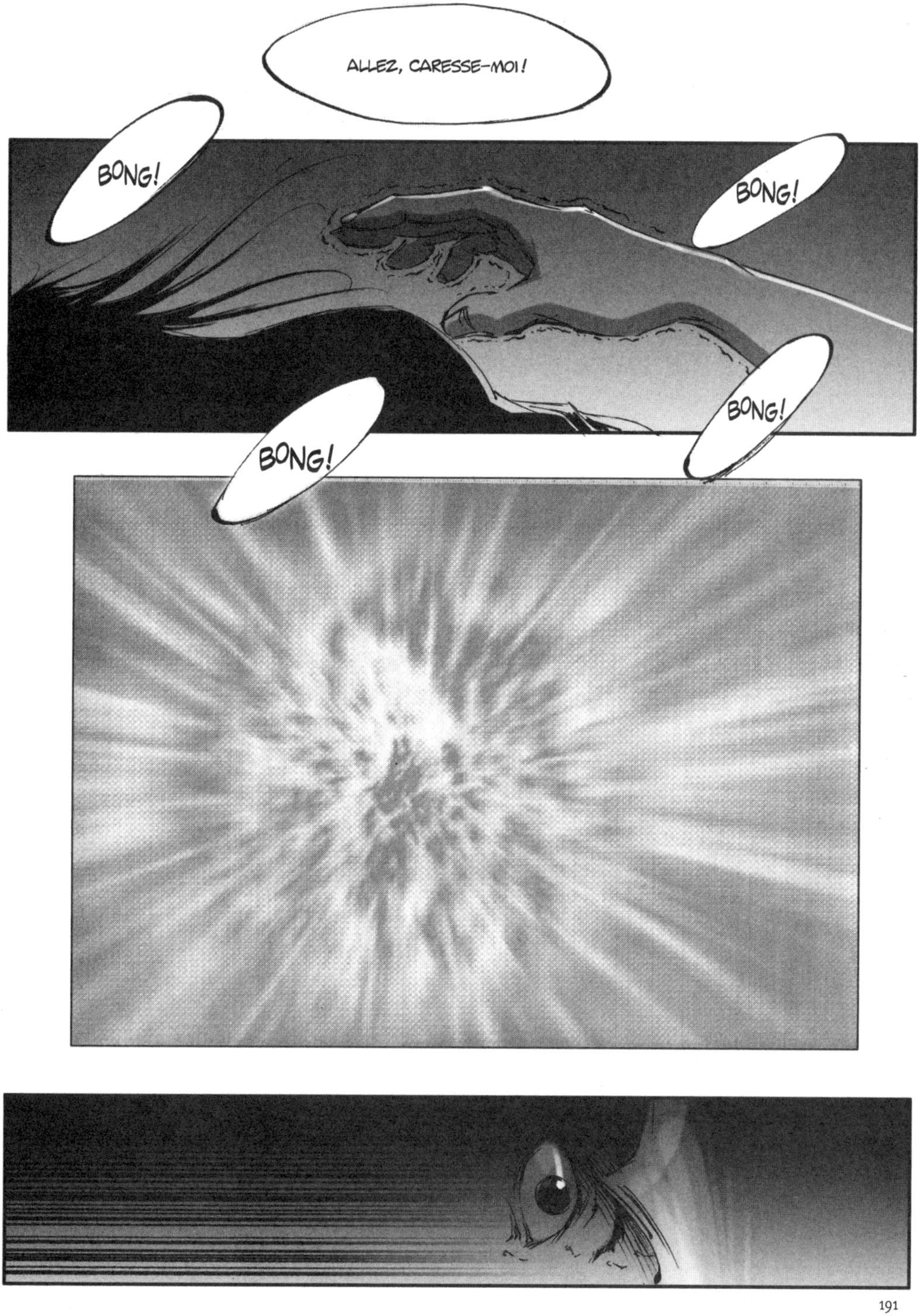
ALLEZ, CARESSE-MOI!
BONG!
BONG!
BONG!
BONG!

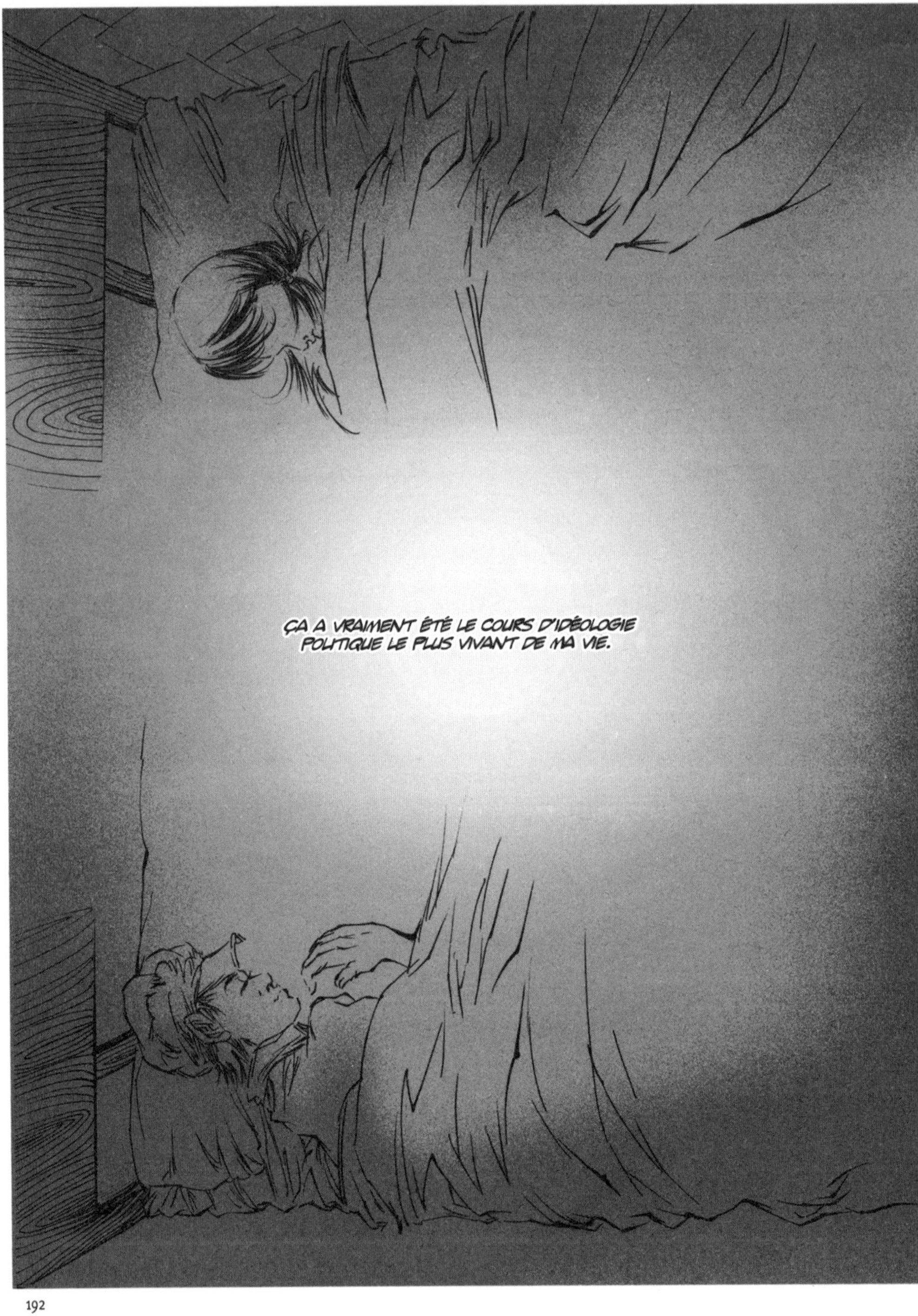
ÇA A VRAIMENT ÉTÉ LE COURS D'IDÉOLOGIE POLITIQUE LE PLUS VIVANT DE MA VIE.

PUIS, JE ME SUIS ENDORMI. À MON RÉVEIL, IL FAISAIT DÉJÀ JOUR.
YU BEIBEI DORMAIT SILENCIEUSEMENT CONTRE LE MUR, LA COUVERTURE
EN ÉPONGE ENROULÉE SUR SON CORPS.

II - CHEZ MI LAN

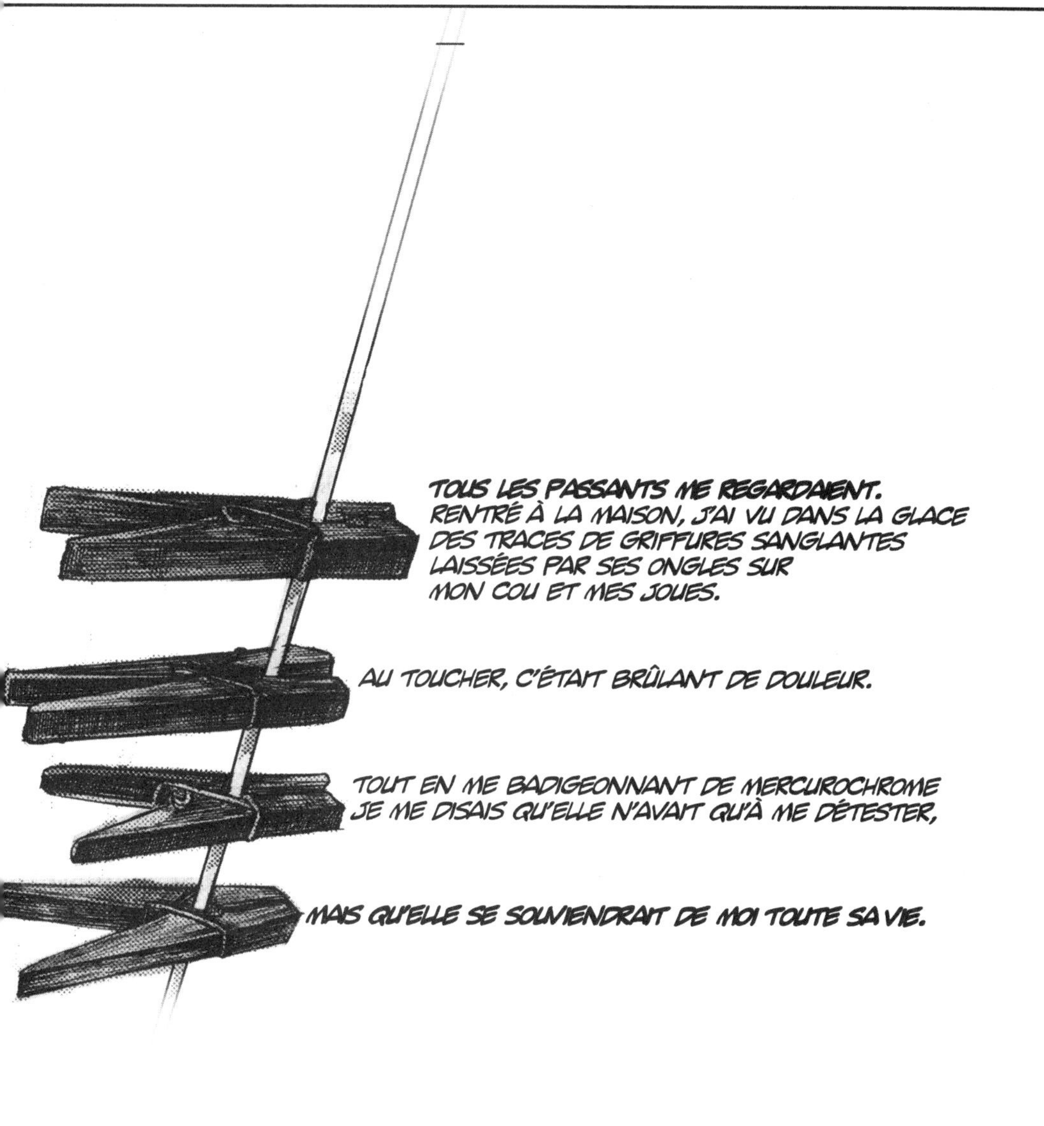

J'AI L'IMPRESSION DE M'ÊTRE FAIT AVOIR !
CHAQUE FOIS QUE JE CROISAIS MI LAN ET LES AUTRES EN TRAIN DE BAVARDER OU DE RIRE, ILS ME JETAIENT UN COUP D'OEIL AU PASSAGE... J'AVAIS DE PLUS EN PLUS L'IMPRESSION DE M'ÊTRE FAIT AVOIR !

POURQUOI N'AVAIS-JE VOULU AVOIR QUE DES RELATIONS PURES AVEC ELLE? J'AVAIS POURTANT EU L'OCCASION DE LAISSER MON EMPREINTE DANS SON CORPS. MAIS QU'AVAIS-JE FAIT AU FINAL? JE N'Y AVAIS MÊME PAS POSÉ MA MAIN. DEPUIS MA NUIT AVEC YU BEIBEI, JE PRENAIS LES FILLES POUR DU BÉTAIL.

J'ÉPROUVAIS UN DÉGOÛT PARTICULIÈREMENT VIF POUR MON ATTIRANCE PHYSIQUE ENVERS LA JOLIE MI LAN. À MES YEUX, SON CHARME ÉTAIT REMPLI DE PERVERSITÉ. ELLE ÉTAIT UNE TENTATION DANGEREUSE, UNE FLEUR ÉPANOUIE ET CRIMINELLE.
À CE MOMENT-LÀ, J'AVAIS LU LE MANUSCRIT «DES MÉMOIRES DE MONA» ...
... ET J'ÉTAIS REMPLI DE MÉPRIS ET DE HAINE À L'ÉGARD DES MERVEILLEUX SENTIMENTS DU GENRE HUMAIN.
SON EXISTENCE ÉTAIT UNE PROVOCATION À LA MORALITÉ, À L'ORDRE ; UNE MENACE POUR TOUS LES CITOYENS HONNÊTES AUX SENTIMENTS NOBLES !

MI LAN, TU...
T'ES VRAIMENT MÉCHANT, QU'EST-CE QUE TU T'IMAGINES...
CE JOUR-LÀ, JE L'AI SUIVIE TOUTE LA JOURNÉE. ELLE BAVARDAIT CHEZ GAO PU, J'ÉTAIS SUR LE TOIT EN FACE ET JE SURVEILLAIS LA SORTIE DE LA COUR.

* NDT : PETITS PAINS CUITS À LA VAPEUR ET FARCIS À LA VIANDE OU AUX LÉGUMES.

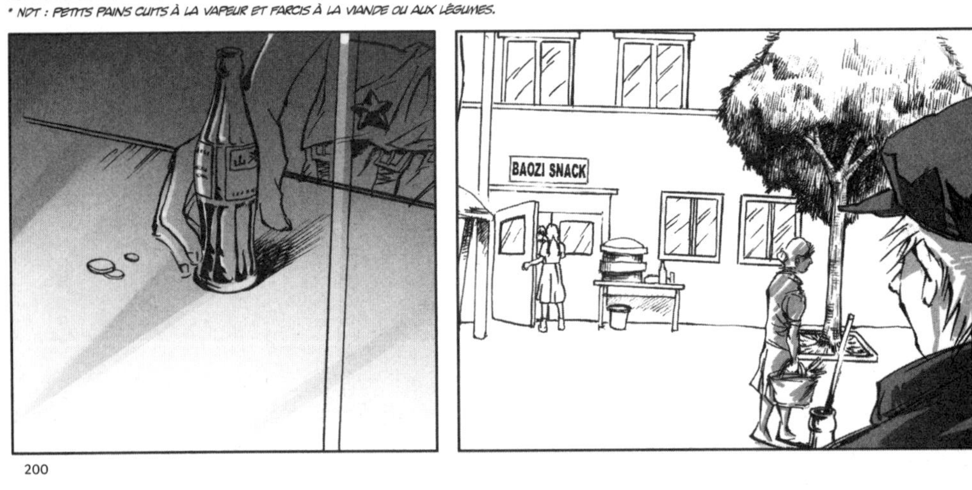

...
LEUR REPAS A DURÉ LONGTEMPS. JE M'ÉTAIS CACHÉ DANS LE MAGASIN DE CÉRÉALES ADJACENT...
ARRÊT DE BUS
LIGNE 101
PUIS, ILS SONT ALLÉS À L'ARRÊT DE BUS OÙ ILS ONT DISCUTÉ LONGUEMENT.

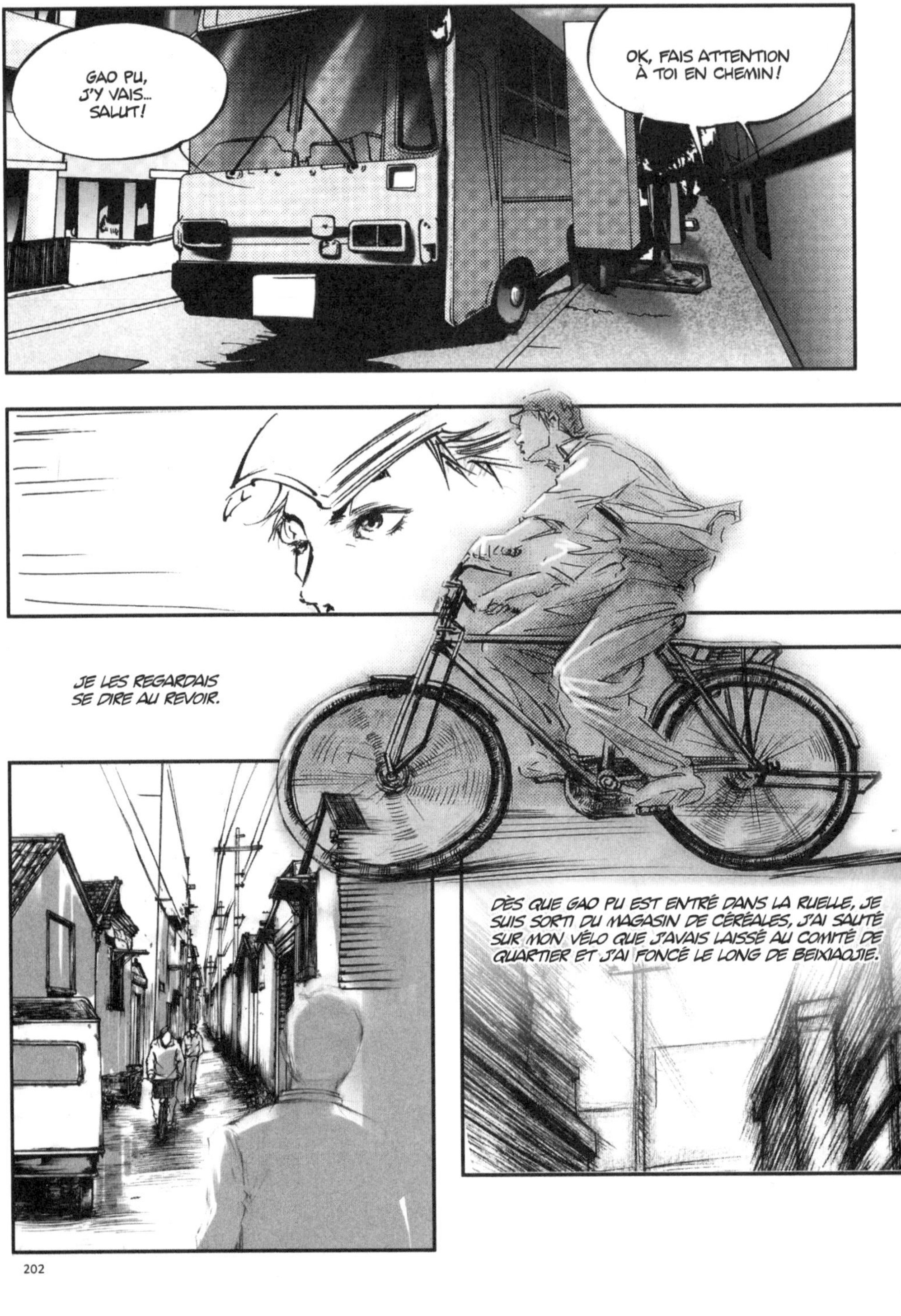
GAO PU, J'Y VAIS... SALUT!
OK, FAIS ATTENTION À TOI EN CHEMIN!
JE LES REGARDAIS SE DIRE AU REVOIR.
DÈS QUE GAO PU EST ENTRÉ DANS LA RUELLE, JE SUIS SORTI DU MAGASIN DE CÉRÉALES, J'AI SAUTÉ SUR MON VÉLO QUE J'AVAIS LAISSÉ AU COMITÉ DE QUARTIER ET J'AI FONCÉ LE LONG DE BEIXIAOJIE.

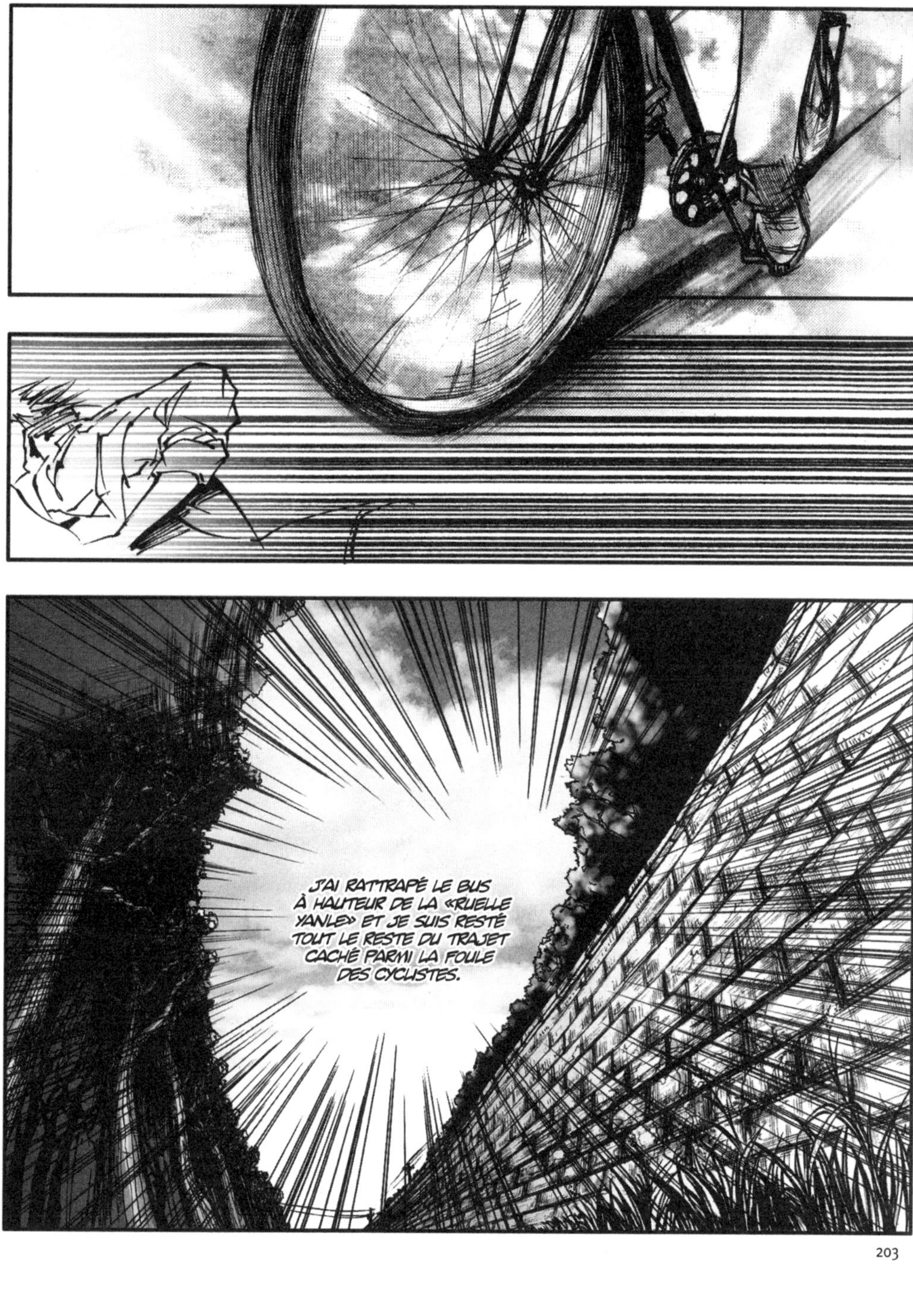
J'AI RATTRAPÉ LE BUS À HAUTEUR DE LA «RUELLE YANLE» ET JE SUIS RESTÉ TOUT LE RESTE DU TRAJET CACHÉ PARMI LA FOULE DES CYCLISTES.

APRÈS L'ARRÊT «LUMICANG», JE L'AI VUE S'ASSEOIR SUR LA BANQUETTE ARRIÈRE DU BUS.
PFOU!
PFOU!
PFOU!
2001年10月21日
ENFIN, ELLE EST DESCENDUE DU BUS AVEC BEAUCOUP D'AUTRES À L'ARRÊT DE LA GARE DE PÉKIN, A PRIS L'AVENUE DE LA PAIX CÉLESTE ET EST MONTÉE DANS LE BUS N°1.

J'AI SUIVI CE BUS PASSANT PAR DONGDAN, WANGFUJING, LA PLACE TIAN AN MEN ET XIDAN.

AU MOMENT OÙ JE PASSAIS DEVANT LE BÂTIMENT DES TÉLÉGRAMMES,
LE SON DE L'HORLOGE AUTOMATIQUE SONNAIT LES DOUZE COUPS DE MIDI.

DONG !

CE JOUR-LÀ, LE CIEL ÉTAIT BLEU À PERTE DE VUE ; TOUT
LE LONG DU TRAJET, JE ME SENTAIS LIBRE ET HEUREUX.

ELLE EST DESCENDUE À L'ARRÊT DU BÂTIMENT DU SYNDICAT
ET S'EST MISE À MARCHER À L'OMBRE DES ARBRES.
J'AI BAISSÉ MON ALLURE,
JE RESTAIS LOIN DERRIÈRE ELLE.
PFOU!
PFOU!

ELLE A TOURNÉ DANS UNE RUELLE ; J'AI CONTINUÉ TOUT DROIT EN DIRECTION DU PONT DE MUXIDI ET J'AI TOURNÉ DANS LA RUE DE SANLIHE.

JE SUIS PASSÉ DEVANT L'ENTRÉE DU PARC YUYUANTAN, PUIS DEVANT L'ACADÉMIE DES SCIENCES, LE MINISTÈRE DE L'INDUSTRIE, CELUI DES FINANCES, LA BANQUE POPULAIRE CENTRALE ET J'AI CONTINUÉ JUSQU'À SON IMMEUBLE. ALORS, J'AI FREINÉ ET STOPPÉ. ELLE VENAIT JUSTE D'ARRIVER PAR UN AUTRE CHEMIN. ELLE EST ENTRÉE DANS L'IMMEUBLE.

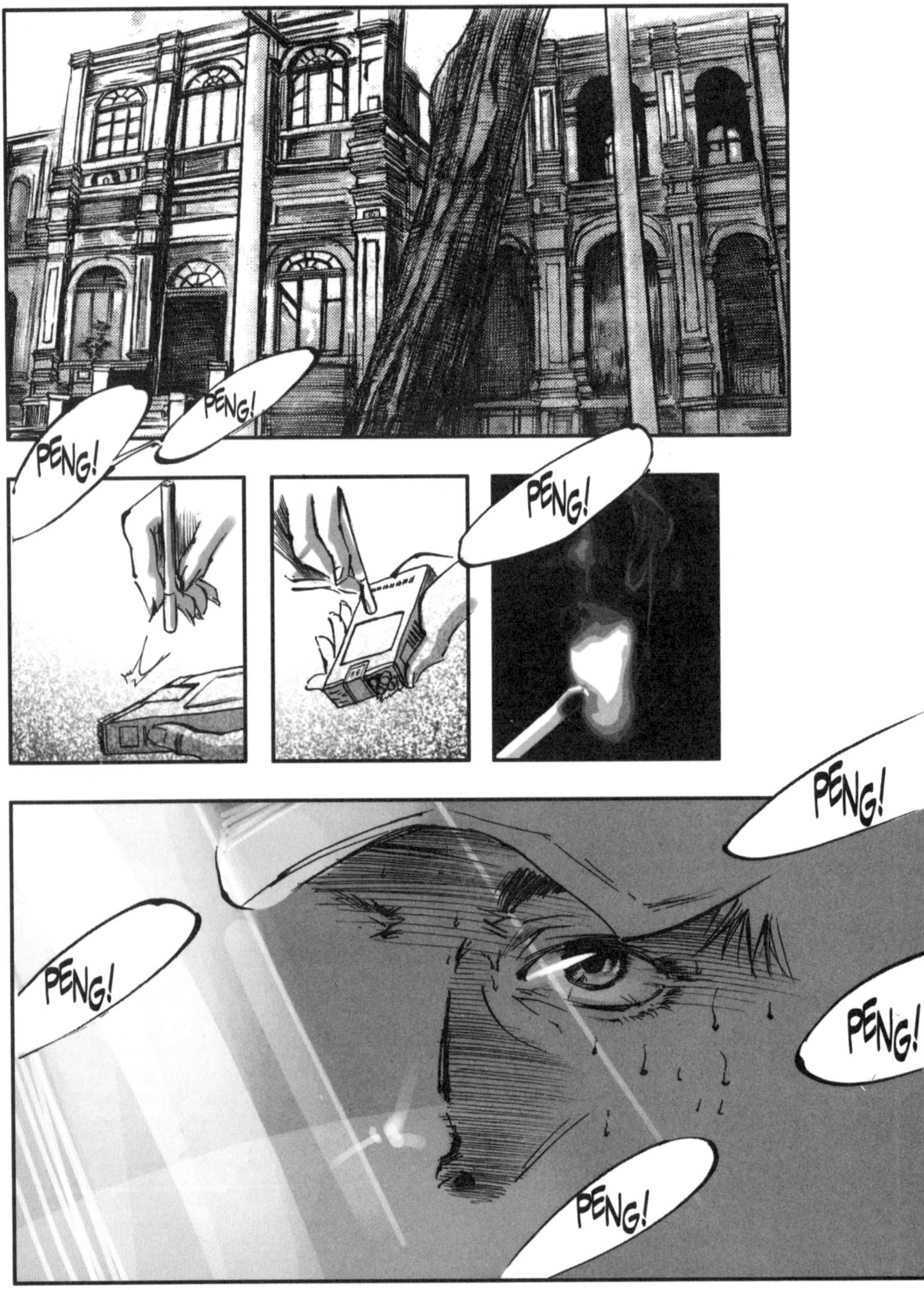
PENG!
PENG!
PENG!
PENG!
PENG!
PENG!
PENG!

EN AVANT
永安
OUVERTURE DU CADENAS

MA XIAOJUN,
TU TE CROIS MALIN
COMME ÇA!

! !

BIEN FAIT POUR
TA GUEULE !

C'EST AVEC UN RIRE DÉMONIAQUE QUE JE PÉDALAIS LENTEMENT DANS LES RUES SOUS LE SOLEIL ÉCLATANT. MES PIEDS POINTAIENT VERS L'EXTÉRIEUR COMME LES CANARDS, ET JE DONNAIS DES COUPS RÉGULIERS AVEC MES TALONS SUR LES PNEUS POUR ENTRAÎNER LA CHAÎNE DÉTENDUE.
TOUS LES PASSANTS ME REGARDAIENT. MON COU, MES JOUES PORTAIENT DES TRACES DE GRIFFURES SANGLANTES LAISSÉES PAR SES ONGLES. AU TOUCHER, C'ÉTAIT BRÛLANT DE DOULEUR.

12 - SOUVENIR - JEUNESSE - RÉALITÉ

J'AI PLEURÉ À CHAUDES LARMES

TOUT EN NAGEANT DÉSESPÉRÉMENT, JE BUVAIS MES LARMES EN SILENCE...

UN DES AUTRES ÉVÉNEMENTS DONT JE ME SOUVIENS DE CET ÉTÉ-LÀ. C'EST LE PLONGEON À LA PISCINE DU PARC DES TRAVAILLEURS,

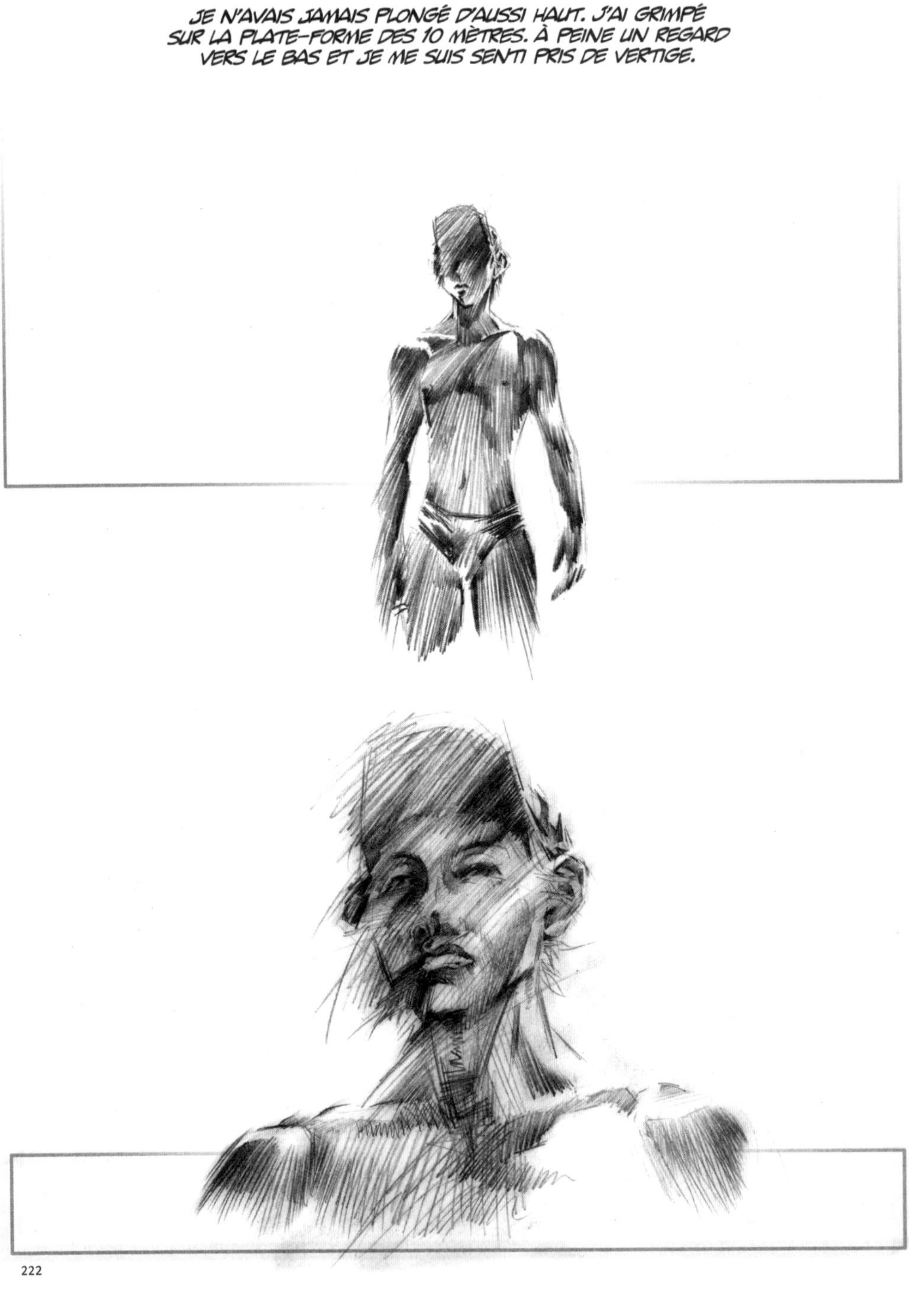
JE N'AVAIS JAMAIS PLONGÉ D'AUSSI HAUT. J'AI GRIMPÉ SUR LA PLATE-FORME DES 10 MÈTRES. À PEINE UN REGARD VERS LE BAS ET JE ME SUIS SENTI PRIS DE VERTIGE.

J'AI DESCENDU L'ÉCHELLE JUSQU'AU PLONGEOIR DES 7 MÈTRES. LA PISCINE EN BAS ME PARAISSAIT TOUJOURS AUSSI ÉTROITE, SOMBRE ET PROFONDE.

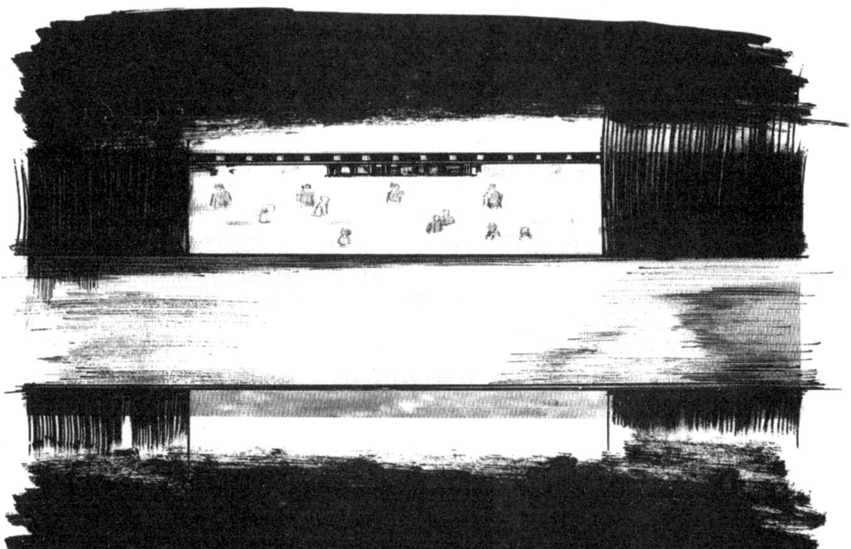

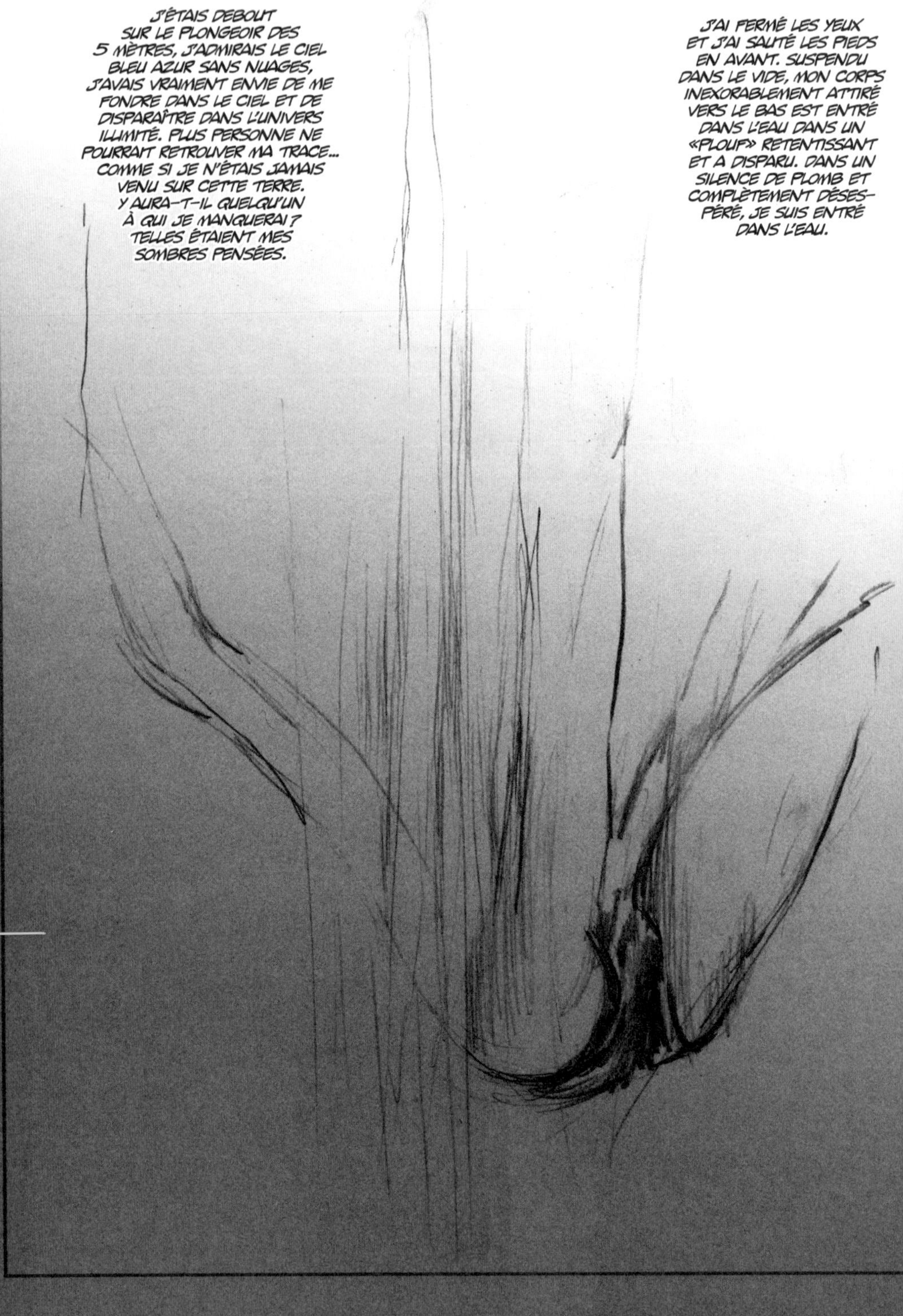
J'ÉTAIS DEBOUT SUR LE PLONGEOIR DES 5 MÈTRES, J'ADMIRAIS LE CIEL BLEU AZUR SANS NUAGES, J'AVAIS VRAIMENT ENVIE DE ME FONDRE DANS LE CIEL ET DE DISPARAÎTRE DANS L'UNIVERS ILLIMITÉ. PLUS PERSONNE NE POURRAIT RETROUVER MA TRACE... COMME SI JE N'ÉTAIS JAMAIS VENU SUR CETTE TERRE. Y AURA-T-IL QUELQU'UN À QUI JE MANQUERAI ? TELLES ÉTAIENT MES SOMBRES PENSÉES.
J'AI FERMÉ LES YEUX ET J'AI SAUTÉ LES PIEDS EN AVANT. SUSPENDU DANS LE VIDE, MON CORPS INEXORABLEMENT ATTIRÉ VERS LE BAS EST ENTRÉ DANS L'EAU DANS UN «PLOUF» RETENTISSANT ET A DISPARU. DANS UN SILENCE DE PLOMB ET COMPLÈTEMENT DÉSESPÉRÉ, JE SUIS ENTRÉ DANS L'EAU.

JE TOURNAIS, JE RAMPAIS SUR LE FOND CLAIR ET LIMPIDE DE LA PISCINE. TERRIFIÉ, J'AGITAIS LES BRAS ET LES JAMBES, J'AVAIS BESOIN DE TOUCHER, DE MARCHER SUR QUELQUE CHOSE DE SOLIDE, DE DUR. MAIS, À PORTÉE DE MAINS, IL N'Y AVAIT QU'UN VIDE DÉSESPÉRANT...
...JE POUVAIS RESSENTIR LA PRESSION PESANTE, SOUPLE ET RÉSISTANTE DE L'EAU, MAIS SANS FORME TANGIBLE. JE LA SAISISSAIS À PLEINES MAINS MAIS, JE LA VOYAIS DE MES YEUX ÉCARQUILLÉS S'ÉVADER ET DISPARAÎTRE PAR LES FENTES ENTRE MES DOIGTS.
LES VAGUES ME FRAPPAIENT AVEC FORCE, ÉCLATAIENT L'UNE APRÈS L'AUTRE SUR MOI. DES GOUTTES D'EAU ACÉRÉES COMME DES COUTEAUX ENTRAIENT PAR À-COUPS DANS MES NARINES, MES OREILLES ET MA POITRINE, COMME SI J'ÉTAIS DÉCOUPÉ EN PETITES LAMELLES. J'ÉTAIS REMPLI DE DOULEURS, PRIS DANS UN FROID PERÇANT ET UNE DOUCEUR SANS LIMITE QUI ME TENAIENT DANS LEURS BRAS.

PEUT-ÊTRE QUE LES FAITS LES PLUS CRUELS
NE PEUVENT APPARAÎTRE SOUS LEUR JOUR VÉRITABLE
QUE LORS D'UN BAPTÊME DE L'EAU AUSSI FROID ET
IMPITOYABLE, ENVAHISSANT TOUS LES ORIFICES...

EN FAIT, MES SOUVENIRS NE SONT PAS SI DIGNES DE CONFIANCE QUE CELA...

APRÈS QUE JE SOIS PARTI HONTEUX ET PLEURANT DU COMMISSARIAT, GAO PU A FAIT LA CONNAISSANCE DE MI LAN. LE SOIR MÊME MI LAN EST VENU DANS NOTRE CAMPUS.
C'EST GAO PU QUI NOUS A DEMANDÉ DE L'ATTENDRE. APRÈS SON ARRIVÉE, JE SUIS PARTI M'AMUSER AVEC XU SUN ET FANG FANG. ENSUITE, BIEN SÛR, GAO PU ET MI LAN ONT COMMENCÉ À SE VOIR, À SE FRÉQUENTER. MAIS MOI, JE N'ÉTAIS PAS DU TOUT INTIME AVEC MI LAN...
JE N'AI JAMAIS ÉTÉ INTIME AVEC MI LAN !

UN AUTRE DE MES SOUVENIRS, C'EST CETTE IMAGE DE MI LAN EN TRAIN DE TÉLÉPHONER À LA GUÉRITE DU GARDE À L'ENTRÉE DU CAMPUS. C'EST UNE SCÈNE QUE J'AI VRAIMENT VÉCUE ET QUI A EU LIEU LE LENDEMAIN MATIN DE LA PREMIÈRE VISITE DE MI LAN. TOUT CELA POUR DIRE QUE CE N'EST PAS DU TOUT GRÂCE À MOI QUE GAO PU A FAIT CONNAISSANCE AVEC LA FEMME DE SON COEUR QU'IL ATTENDAIT DEPUIS SI LONGTEMPS, BIEN AU CONTRAIRE. JE N'AI JAMAIS VÉCU AVEC MI LAN CETTE PÉRIODE MÉLODIEUSE À DEUX AVANT MÊME QU'ELLE NE CONNAISSE LES AUTRES. TOUT CELA N'EST QU'UN EFFET DE MON IMAGINATION.

YU BEIBEI, QUANT À ELLE, A TOUJOURS ÉTÉ EN CONTACT AVEC NOUS. J'AI EU DES RELATIONS AVEC ELLE ET C'EST PARCE QUE JE L'AI SURPRISE PAR LA SUITE À ALLER TROUVER WANG RUOHAI QUE JE ME SUIS RETROUVÉ LE VISAGE ENSANGLANTÉ DE SON FAIT ET NON PAS DE CELUI DE MI LAN.

QUANT À LA SCÈNE DU RESTAURANT DE MOSCOU, IL NE S'ÉTAIT RIEN PASSÉ DE DÉSAGRÉABLE. GAO PU ET MOI AVIONS BEAUCOUP BU, TOUT LE MONDE ÉTAIT HEUREUX. AU CONTRAIRE DE GAO PU, IL ME SUFFISAIT DE VOMIR POUR ME SENTIR MIEUX, C'EST DONC MOI QUI AI RAMENÉ CHEZ LUI UN GAO PU IVRE ET MALADE, ET C'EST LÀ QUE J'AI APPRIS QU'IL N'AVAIT PAS VRAIMENT CONCLU AVEC MI LAN.

J'AI RÉUNI TOUTES MES FORCES POUR REFAIRE SURFACE,
PUIS J'AI NAGÉ, ENGOURDI, LENTEMENT VERS LE BORD.

AU MOMENT OÙ J'AI AGRIPPÉ LE BORD ET QUE JE M'APPRÊTAIS À ME HISSER, J'AI VU EN FACE DE MOI MON ANCIEN CAMARADE DE CLASSE QUE NOUS AVIONS FRAPPÉ MÉCHAMMENT. IL A LEVÉ SON PIED, L'A ÉCRASÉ SUR MA FIGURE ET A APPUYÉ DE TOUTES SES FORCES ; JE SUIS RETOMBÉ DANS L'EAU. IL FAISAIT LE GUET AVEC SA BANDE AUTOUR DE LA PISCINE ET IL SUFFISAIT QUE MA TÊTE ÉMERGE DE L'EAU POUR QU'ILS ME REDONNENT UN COUP DE PIED. CHAQUE FOIS QUE, DÉSORIENTÉ, JE RETOMBAIS DANS L'EAU, ILS ÉCLATAIENT DE RIRE. SEUL MON ANCIEN CAMARADE RESTAIT LES DENTS SERRÉES À ME FIXER. ILS N'ARRÊTAIENT PAS DE LÂCHER UN CHAPELET D'INJURES GROSSIÈRES. ILS METTAIENT DE PLUS EN PLUS DE FORCE DANS LEURS COUPS. MA FIGURE ET MES ÉPAULES ÉTAIENT ROUGES DE LEURS COUPS.

JE NAGEAIS, ÉPUISÉ, AU MILIEU DE LA PISCINE. DES GENS SAUTAIENT SANS INTERRUPTION DES PLONGEOIRS, M'ASPERGEANT AU PASSAGE DE GRANDES GERBES D'EAU. LES «PLOUFS – PLOUFS» SE SUCCÉDAIENT SANS ARRÊT. J'AI COMMENCÉ À BOIRE LA TASSE DE PLUS EN PLUS SOUVENT, J'AI COULÉ À PLUSIEURS REPRISES POUR TOUJOURS REFAIRE SURFACE.

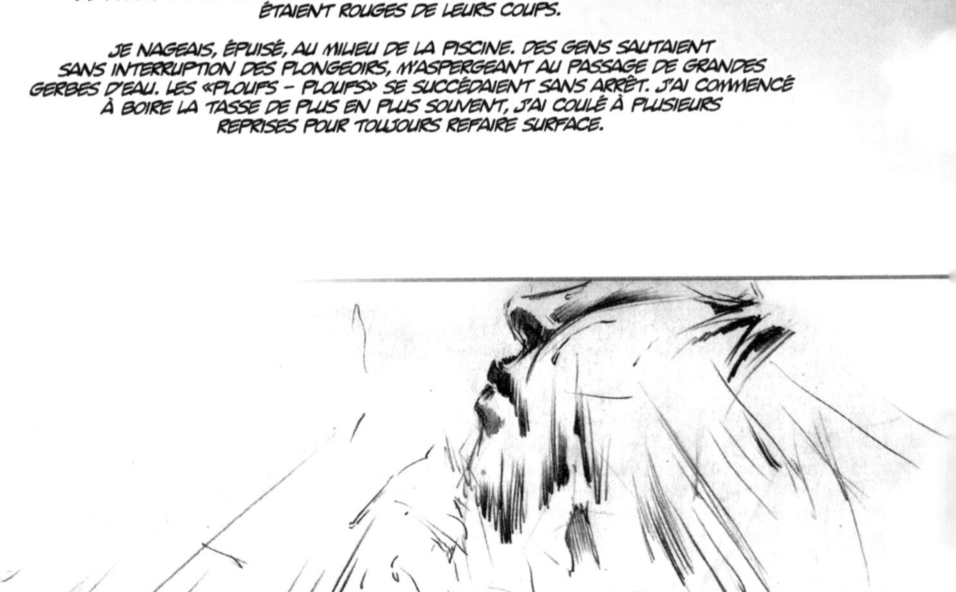

MI LAN EST-ELLE BIEN LA FILLE QUE J'AI VUE SUR LA PHOTO DANS CET IMMEUBLE-LÀ ? J'AI DORÉNAVANT PERDU TOUTE PREUVE POUVANT DÉMONTRER QU'IL S'AGIT DE LA MÊME PERSONNE. L'IMPRESSION QU'ELLE ME LAISSE EST EFFECTIVEMENT DIFFÉRENTE DE CELLE DE LA PHOTO. MAIS CETTE PHOTO EST-ELLE RÉELLE ? EST-CE QUE JE PEUX VRAIMENT FAIRE CONFIANCE À MES SOUVENIRS SUR CE POINT ?

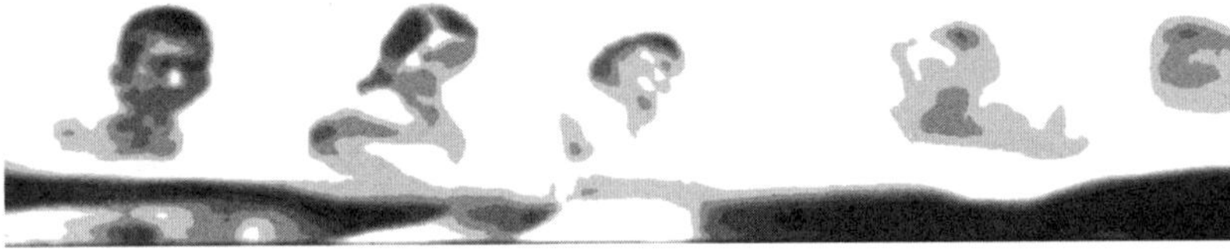

J'AI BU BEAUCOUP D'EAU, J'ÉTAIS ÉPUISÉ. J'AI APERÇU VAGUEMENT SOU L'EAU GAO PU, MI LAN, YU BEIBEI ET LES AUTRES QUI ME TENDAIENT LEURS MAINS SECOURABLES. J'AI NAGÉ POUR ME RAPPROCHER D'EUX E LEURS MAINS SE SONT TRANSFORMÉE EN PIEDS, LES PIEDS QUI M'AVAIENT FRAPPÉ. JE NE SAIS PAS ET JE NE VEUX PAS SAVOIR À QUI APPARTENAIENT CES PIEDS...

EST-CE BIEN LÀ LA TOTALITÉ DE MON HISTOIRE?!
L'ABOUTISSEMENT DE MA VIE?! MA FIN?!
NE SERAIT-ELLE PAS PAR TROP VIDE? REJETÉ PAR
LES MIENS, ABANDONNÉ, TRISTE ET MISÉRABLE?
MA JEUNE VIE DOIT-ELLE VRAIMENT SE TERMINER
DANS CETTE LUTTE VOUÉE À L'ÉCHEC, QUI SEMBLE
ÊTRE CONTRE LES AUTRES, MAIS QUI N'EST EN
RÉALITÉ QU'UNE LUTTE CONTRE MOI-MÊME?

en avant-première, le prochain album de Song Yang chez Xiao Pan. Extraits...

KA!
哪个臭小子
给我站住！！！

5: 宠物猫 蓬 RUN
CLIENT:SONGYANG

AT NIGHT ......

小潘
XIAO
PAN